AF309082

MARIE LOUISE GABRIELLE

DE SAVOIE

REINE D'ESPAGNE

ÉTUDE HISTORIQUE

PAR

FRÉDÉRIC SCLOPIS

TURIN

IMPRIMERIE DE JOSEPH CIVELLI

rue Saint-Anselme, 1, Cours de Roi.

FLORENCE | PARIS

CHEZ J. CIVELLI IMPRIMEUR | CHEZ AUGUSTE DURAND

rue Panicale, 39 | rue Cujas (anc. rue des Grès) 2

M. D. CCC. LXVI.

MARIE-LOUISE-GABRIELLE

DE SAVOIE

ÉTUDE HISTORIQUE

Ma chère Isabelle !

Je t'offre le fruit d'un travail auquel tu m'as souvent encouragé. Je voudrais qu'il répondît à ton attente, et j'en prends l'occasion de te dire une fois de plus combien mon cœur est sensible au tendre intérêt dont tu n'as cessé de me donner des preuves depuis le premier jour de notre mariage.

30 Mars 1866.

TABLE DES MATIÈRES.

AVANT-PROPOS.

Dans ce temps où la maison de Savoie, obéissant à la destinée qui l'entraine, se transporte vers le centre de l'Italie, nous avons choisi pour objet de nos études la vie d'une des plus illustres princesses sorties de cette noble race; grande et charmante figure qu'on n'a peut-être pas assez mise en relief jusqu'ici.

C'est ainsi qu'au moment où une famille quitte son ancien manoir pour aller habiter le nouveau palais que la fortune vient de lui ouvrir, quelque vieil ami, à l'heure du départ, se plaît à contempler un portrait qu'il regrette de perdre de vue.

Il y a cela de remarquable dans la maison de Savoie, qu'elle a reçu une illustration particulière par les femmes qui en sont sorties ou qui y sont entrées. Nous citerons parmi les premières Louise de Savoie, mère de François I et régente de France après le désastre de Pavie, tête forte et esprit délié; et cette Marie-Louise, reine d'Espagne, dont nous allons raconter la vie.

Si nous ne mettons pas à côté de ce nom celui de la duchesse de Bourgogne, sœur de la reine, qui a fait les délices de la cour de Versailles, c'est qu'il a manqué à cette princesse l'occasion de prendre une place dans l'histoire, qui ne doit tenir compte que de ce qui est solide et sérieux.

Parmi les secondes nous signalerons d'abord Yolande de France, sœur de Louis XI, femme d'Amédée IX, « qui savait « bien ou mieux dissimuler que le roi son frère, et était « cent fois plus fine que lui, tant à sa mine qu'à ses pa- « roles et façons, mais pourtant très-bonne et très-sage;[1] » ensuite Christine, fille de Henri IV, femme de Victor-Amédée I, « dont la vie fut un continuel orage à la cour « et dans les affaires[2]. »

Ces quatre princesses, qui toutes eurent la régence de l'État au milieu des circonstances les plus difficiles et des plus grands dangers, se montrèrent constamment à la hauteur de leur mission. Elles surent soutenir vaillamment les intérêts des pays qui les avaient reçues, en joignant à la fermeté virile la sagacité féminine.

Ajoutons encore ici une particularité que l'histoire du droit des gens nous apprend, c'est-à-dire le traité fait à Cambrai le 5 août 1529, qu'on appela le « Traité des Dames. » Deux princesses appartenant, l'une par la naissance, l'autre par alliance, à la maison de Savoie, y figurent en qualité de plénipotentiaires des deux plus puissants souverains de l'Europe. Ce traité, qui mit fin aux longues contestations entre Charles-Quint et François I, fut négocié et conclu, au nom de ces deux monarques, par Marguerite d'Autriche, duchesse douairière de Savoie, et par Louise de Savoie, duchesse douairière d'Angoulême.

[1] BRANTÔME, *Discours VI.*
[2] VOLTAIRE, *Siècle de Louis XIV.* Tome I.

Déjà en 1862 nous nous étions occupés d'un travail sur la reine Marie-Louise, que l'Académie impériale des sciences, belles-lettres et arts de Savoie a bien voulu admettre dans le recueil de ses Mémoires.

Ce n'était là qu'une simple ébauche, que nous avions entreprise après avoir eu sous les yeux les pièces aussi importantes que nombreuses relatives à cette princesse, que renferment les Archives générales à Turin.

Quelque temps après madame la comtesse Della Rocca publia la correspondance inédite de Marie-Louise de Savoie, reine d'Espagne, faisant suite à celle de la duchesse de Bourgogne, et enrichie par sa plume élégante et facile de fines remarques et d'éclaircissements opportuns.

Cette correspondance ne comprend que les lettres adressées par la reine à sa grand'mère Madame royale, Marie-Jeanne-Baptiste de Savoie-Nemours, duchesse douairière de Savoie; elle est toute intime et d'une lecture attachante.

Nous avons porté nos recherches dans une autre direction: nous avons trouvé et nous publions les lettres les plus intéressantes, et toutes inédites, que la reine dans les circonstances les plus graves écrivait à son père et à sa mère. Ce sont des documents politiques dont l'importance est facile à saisir.

Pour approfondir notre étude sur la vie de cette princesse, nous avons compulsé les correspondances diplomatiques de cette époque se rattachant plus spécialement à sa personne[3]. Nous avons extrait des dépêches, toutes inédites, des am-

---

[3] Les lettres de la reine et les correspondances diplomatiques des ambassadeurs de Savoie se trouvent aux Archives générales de Turin ; celles des envoyés génois viennent d'être transportées à Gènes.

bassadeurs de Savoie à Paris et à Madrid et des envoyés de la république de Gênes en Espagne des renseignements qui nous paraissent mériter l'attention du lecteur.

Nous n'avons pas eu le dessein de refaire l'histoire d'Espagne pendant la guerre de la succession. Plusieurs écrivains se sont occupés avec succès de cette tâche [4], et tout récemment encore il a paru des ouvrages qui retracent jusque dans leurs moindres détails les interminables intrigues de la cour de Madrid [5].

Notre seul but a été de faire bien connaître l'esprit et le caractère de la reine Marie-Louise, qui n'avaient pas été jusqu'à présent complétement étudiés. C'est une physionomie difficile à saisir parce que, tout en ayant des traits prononcés, elle n'a jamais été mise pleinement dans son jour, ni considérée dans tous ses détails.

Ce n'est donc point un tableau de grande composition que nous offrons au lecteur, mais un simple portrait, orné de nombreux accessoires.

Dans ces parties secondaires nous avons placé des considérations générales qui nous semblaient réclamées par la

---

[4] Nous citerons surtout les *Mémoires* du marquis de SAINT-PHILIPPE, écrits par un homme de beaucoup d'intelligence, qui avait vu de près les événements; et les *Mémoires* de NOAILLES, rédigés et publiés par l'abbé MILLOT. Le tableau de l'Espagne à l'époque de la guerre de la succession ne se trouve nulle part aussi bien tracé que dans la seconde partie de ce Recueil. Nous lui emprunterons quelques pièces qui entrent dans le cadre de notre travail. Il est seulement à regretter qu'en semant dans la narration, du moins *en substance*, comme il le dit lui-même, les pièces d'où il tire les faits principaux, l'abbé Millot ait peut-être sacrifié un peu l'exactitude scrupuleuse des textes au désir de produire de l'effet sur l'esprit des lecteurs.

[5] Voyez *La princesse des Ursins, Essai sur sa vie et son caractère politique, d'après de nouveaux documents inédits*, par M. François COMBES. Paris 1858. — *Lettres inédites de la princesse des Ursins, recueillies et publiées avec une introduction et des notes* par M. A. GEFFROY. Paris 1859.

nature du sujet, et des faits spéciaux et peu connus d'administration dont il n'a pas été ailleurs assez parlé.

Afin d'altérer le moins possible la couleur du temps et
des faits, nous nous sommes décidés à procéder par citations, en introduisant les documents dans le cours de la
narration. On nous reprochera peut-être d'avoir fait plutôt
un travail en marqueterie qu'une œuvre d'art. Nous ac-
ceptons sans murmure ce reproche, pourvu que notre étude
obtienne quelque approbation sous le rapport de l'exactitude
et de la fidélité historique.

CHAPITRE I.

Naissance de Marie-Louise-Gabrielle — La cour de Turin — Intérieur de la famille du duc Victor-Amédée — Qualités de la princesse — Son portrait.

Marie-Louise-Gabrielle de Savoie était la troisième [1] fille de Victor-Amédée II et de Marie d'Orléans fille de Philippe, frère unique de Louis XIV, et de Henriette d'Angleterre. Elle naquit à Turin le 17 septembre 1688.

Les alliances entre la maison de Savoie et celle de France avaient été fréquentes depuis plus de deux siècles; deux branches mêmes de la maison de Savoie, celle des ducs de Nemours et celle des comtes de Soissons, s'étaient établies en France.

Ces liens de famille entre les souverains avaient encore resserré les rapports qui existaient naturellement entre deux pays aussi rapprochés par leur position respective que par leurs intérêts communs.

La prépondérance politique de l'Espagne dans la péninsule italienne forçait souvent les ducs de Savoie à se tourner du côté de la France; ils y cherchaient un appui, en lui offrant à leur tour de solides avantages par la jonction de leurs forces.

Louis XIV se souvenait qu'il s'était trouvé en 1653 maître absolu du royaume, n'ayant aucun allié, excepté la Savoie.

Le commerce du Piémont se faisait presque exclusivement avec la France. Les habitudes et les mœurs des deux peuples

---

[1] L'aînée, Adélaïde, née en 1685, mariée au duc de Bourgogne; la deuxième, Marie-Anne, née en 1687, mourut à l'âge de trois ans.

se ressemblaient assez, mais le caractère des deux nations était loin de se confondre.

La politique de la maison de Savoie depuis le duc Emmanuel-Philibert était devenue essentiellement italienne, et l'intérêt des rois de France était de la maintenir dans cette voie.

La cour de Turin n'en gardait pas moins les manières françaises qui depuis plus d'un siècle y avaient été apportées, surtout par les femmes [2]. Mais, tout en ayant les dehors empruntés à nos voisins, on se tenait soigneusement au fond de l'esprit national.

La noblesse était en Piémont complétement dévouée à la maison régnante; avec peu de richesse et beaucoup de bravoure, elle cherchait à faire sa fortune en servant bien le prince et l'État.

Le peuple, réduit à une grande misère par suite des guerres qui avaient dévasté le pays, restait cependant toujours inébranlable dans sa fidélité au souverain. Son sort s'était pour ainsi dire identifié avec celui de ses princes, qu'il avait suivis au milieu des dangers et des privations; il leur savait gré surtout d'avoir maintenu son indépendance, et il se persuadait que son avenir serait amélioré par l'agrandissement de la puissance de ses maîtres.

L'instruction publique en Piémont pendant les premières années de Victor-Amédée II avait été fort négligée. Depuis plus d'un demi-siècle, ainsi que le fait observer Denina [3], les jésuites, protégés alors par tous les princes, attiraient à leurs colléges et à leurs écoles, à l'exclusion de tout autre, les jeunes gens de la noblesse et de la bourgeoisie. Toute con-

---

[2] Marguerite de Valois, femme d'Emmanuel-Philibert; Christine, fille de Henri IV, femme de Victor-Amédée I; Marie-Jeanne Baptiste de Savoie-Nemours, femme de Charles-Emmanuel II et mère de Victor-Amédée II; Anne-Marie d'Orléans, femme de ce dernier. — Il n'est pas jusqu'aux dames favorites de quelques-uns de ces princes qui n'aient aidé à faire adopter ces manières. Nous pourrions citer Jeanne-Marie de Trecesson, marquise de Cavour, et Gabrielle de Mesmes de Marolles, comtesse des *Lanze*, du temps de Charles-Emmanuel II, et Jeanne d'Albert de Luynes, comtesse de Verrue, pendant la jeunesse de Victor-Amédée II.

[3] *Istoria dell' Italia occidentale*, lib. I, cap. 6.

currence et toute émulation se trouvaient interdites, et le goût de la bonne littérature était presque entièrement perdu.

On ne pouvait plus dire que la cour de Turin fût, comme du temps de la duchesse Christine, la plus agréable du monde, et qu'on y vécût selon l'usage et les coutumes de l'ancienne chevalerie[4]. Tout était bien changé depuis lors, et le caractère sérieux du prince ne s'accommodait plus de ce faste ni de ces jeux d'esprit. Beaucoup d'exercices militaires, beaucoup d'exercices religieux, et, marchant de pair, un peu de galanterie; voilà l'aspect qu'offrait alors la société de Turin.

Marie-Louise-Gabrielle était venue au monde précisément à l'époque où son père se préparait à ces évolutions politiques et à ces chances de guerre qui devaient aboutir, après les plus terribles luttes, à la couronne royale qu'il convoitait depuis longtemps.

Nous allons parler tout particulièrement du caractère de Victor-Amédée II, mais nous devons faire remarquer par avance que ce prince avait un talent tout spécial pour connaître les hommes les plus capables de remplir ses vues et pour se les attacher; il savait leur mettre la main dessus, dans quelque position qu'ils se trouvassent. C'est ainsi qu'il fit d'un officier général[5] et d'un maître des cérémonies[6] deux excellents diplomates, dont on ferait bien de lire encore aujourd'hui les dépêches. Et c'est précisément de l'époque de Victor-Amédée que date la haute réputation acquise par la diplomatie piémontaise[7].

Les revenus de l'État étaient minces, les impôts assez lourds, et l'armée peu nombreuse. Malgré tout cela, grâce

---

[4] Voyez *Mémoires de la vie du comte de Gramont etc.* par Hamilton, chap. IV.

[5] Le comte Annibal Maffei, ambassadeur à Londres et plénipotentiaire à Utrecht.

[6] Le comte Balbis de Vernon, ambassadeur en France.

[7] Il est bon de rappeler ici deux témoignages flatteurs pour la diplomatie piémontaise : Milord Chesterfield écrivait à son fils Philippe Stanhope, le 18 novembre 1748 : « Ce « qui est certain au moins, c'est que dans toutes les cours et à tous les congrès, où « se trouvent plusieurs ministres étranger, ceux du roi de Sardaigne sont généralement « les plus habiles, les plus polis et les plus déliés ».

Montesquieu écrivait à l'abbé de Guasco, le 5 mars 1753, de Paris: « J'ai fait con-

à la position toute spéciale du pays, à la bonne renommée de ses troupes, et à la sévère régularité de son administration, le duc de Savoie tenait un rang considérable parmi les souverains de l'Europe.

Tandis qu'en Piémont on était toujours dans la crainte des entreprises des Français ou des Espagnols, on n'était jamais tranquille en France et en Espagne sur les vues secrètes et les tergiversations probables du souverain du Piémont. L'opposition des intérêts des grandes puissances faisait la sûreté de ce petit État, qui par la force des choses était contraint de n'avoir qu'une politique de circonstance, mais qui, à un moment donné, grâce à sa situation, s'élevait au rang d'une puissance redoutable.

La famille du duc était, ainsi que l'État, disciplinée et soumise à la volonté de son chef.

La mère de Marie-Louise, qu'on appelait madame la Duchesse, avait un caractère très-doux et un jugement sain. Elle était « vertueuse et la patience même », pour nous servir des mots de la princesse qui avait présidé à son éducation [8]. Toute renfermée dans les affections de famille, elle était sincèrement payée de retour par ses enfans. On croyait qu'elle avait le cœur tout au moins aussi français que si elle n'avait jamais passé les Alpes [9], sans que pour cela elle ait pu jamais exercer aucune influence dans ce sens. Le duc son mari l'estimait et l'honorait tendrement, mais il n'aurait jamais souffert que sa femme se permît d'exprimer des idées différentes des siennes.

Quoique élevée à la cour de Versailles, elle ne s'était pas

« naissance avec.... Tout ce que je puis vous en dire c'est que c'est un seigneur « magnifique et fort persuadé de ses lumières; mais il n'est pas notre marquis de Saint- « Germain; aussi n'est-il pas un ambassadeur piémontais ».

[8] La princesse Palatine, seconde femme de Philippe d'Orléans. La duchesse de Savoie avait perdu en bas âge sa mère, Henriette d'Angleterre. Voyez la *Lettre* de la princesse Palatine du 16 juin 1716, édition de M. G. BRUNET.

[9] Voyez la *Lettre* du comte de Tessé au roi Louis XIV, écrite de Turin le 24 juin 1699, dans les *Mémoires* de TESSÉ.

laissé fasciner par les vanités et les grandeurs de ce séjour : dans une position plus modeste, elle savait mieux discerner ce qui convient à l'éducation des princes, témoin une lettre qu'elle écrivait [10] au comte de Vernon, ambassadeur de Savoie à Paris, à propos de sa fille, la duchesse de Bourgogne. « Pour vous parler à cœur ouvert, lui disait-elle, et « comme à une personne que je me crois véritablement at-« tachée, je trouve que tous les plaisirs que l'on lui donne sont « toujours en son particulier ; je veux dire que ce n'est jamais « avec la compagnie que je voudrais ; leurs divertissements « sont toujours séparés. Cette méthode ne me parait pas bonne « pour maintenir l'amitié. Mais sur cela nous ne pouvons que « faire. C'est pour vous dire seulement ma pensée que je « l'écris. Les princes sont d'habitude ; il faut les accoutumer « avec les gens (avec) qui ils doivent vivre ».

On voit que la duchesse de Savoie aurait voulu avec grande raison éviter cet isolement auquel la vieille étiquette condamnait les princes, isolement qui leur ôtait la faculté de voir et d'entendre, et les empêchait souvent de bien penser et de bien faire.

La mère du duc, qu'on appelait Madame Royale, vivait aussi à la cour, mais sa position y était toujours délicate et souvent difficile. Victor-Amédée n'avait point oublié l'attachement (peut-être excessif) au pouvoir que cette princesse avait montré pendant sa régence, et la ténacité avec laquelle elle avait poursuivi l'exécution du projet de faire passer son fils en Portugal [11]. Il en était resté entre eux une sorte de froideur et de méfiance qui obligeait Madame Royale à se tenir sur une réserve habituelle ; elle n'avait à

---

[10] Le 18 décembre 1700 (*Archives générales à Turin*).

[11] On ne peut rien lire de plus intéressant, touchant cette grande affaire, que ce qu'en a publié M. le baron CLARETTA dans son livre intitulé *Vita di Maria Francesca Elisabetta di Savoia-Nemours, regina di Portogallo*. Dans ce travail, composé presque exclusivement sur des documents inédits, on voit combien la rupture de ce mariage contrariait Madame Royale, qui écrivait à sa sœur, la reine de Portugal, le 29 décembre 1682 : « Je pleure notre malheur commun, je plains monsieur le prince, ma nièce

espérer « d'autre consolation que celle d'être soufferte » [12].
Ce n'est que bien des années après qu'elle parvint à se raccommoder avec son fils, qui eut l'air d'accepter les justifi-
cations qu'elle lui présenta.

Madame Royale qui, pendant la régence, s'était montrée
souvent plus que sévère à l'égard des principaux personnages
de sa cour [13] paraissait tout autre dans ses rapports avec ses
petites-filles. La correspondance qu'elle entretint avec elles
pendant toute leur vie prouve qu'elle en était sincèrement
aimée.

Le caractère le plus saillant de toute cette famille était
celui de Victor-Amédée. Les historiens du temps qui ont
parlé de lui s'accordent tous à le reconnaître comme un
des plus fins politiques et des plus habiles capitaines de

« et votre royaume. Tous y perdent également; l'un un fils capable de le consoler de
« n'en avoir point; l'autre un mari digne d'elle; et le Portugal un prince dont les
« aïeux ont vu naître plusieurs monarchies, et qui par ses qualités personnelles, jointes
« au rang qu'il tient dans le monde, aurait pu porter la grandeur portugaise plus loin
« qu'elle n'a jamais été ». Mais ce qui faisait le désespoir de la mère donnait la plus vive
satisfaction au fils, qui avait même prévu les chances défavorables de l'affaire. Voyez
la *Lettre* que nous avons citée du comte de TESSÉ à Louis XIV.

[12] Pour se faire une idée de la gène dans laquelle se trouvait Madame Royale, il
n'y a qu'à lire le billet suivant, tout écrit de sa main et adressé au marquis de Saint-
Thomas, ministre et premier secrétaire d'État:

« Ce 9ème de mars 1696.

« Je sais que l'on est assemblés chez vous pour les finances; je vous écris ce billet
« pour vous faire souvenir de mon extrème besoin; j'espère que vous trouverez tous
« ensemble quelques expédients prompts pour me secourir, car sans cela il est de toute
« impossibilité que je puisse soutenir ma maison jusque au quinzième juillet, les 96/m
« livres qui me sont dues depuis le premier avril m'ayant manqué dans le temps que
« je m'y attendais le moins. Enfin je suis mère de S. A. R. J'ai un contrat d'aliénation
« passé devant tous les magistrats; ce ne peut pas être sa volonté que je sois sans ali-
« ments. Je me confie à votre zèle et à votre équité et de ceux qui sont assemblés
« chez vous ».   « M. J. BAPTISTE »

(Archives générales à Turin).

[13] Voyez le livre fort intéressant publié en 1862 à Turin par le général comte
Albert FERRERO de la MARMORA sous le titre *Le vicende di Carlo di Simiane, marchese di Livorno, poi di Pianezza, tra il 1672 ed il 1706.* Ce livre renferme des
détails importants et curieux sur les affaires du temps et la cour de France; il est écrit
avec ce soin scrupuleux que l'auteur, dont nous ne saurions assez regretter la perte,
apportait dans tous les travaux scientifiques qui lui ont acquis une juste célébrité.

son époque. La plupart de ces écrivains portent sur lui des jugements défavorables en fait de droiture et de sincérité. S'il n'est guère possible de l'absoudre complétement de ce côté-là, il est juste également de faire la part des circonstances au milieu desquelles il fut contraint d'agir. Nous aurons à examiner quelques points de sa conduite politique; mais, si nous dirons dès à présent avec un illustre historien [14] « qu'aucun souverain dans l'Europe moderne n'avait avec un « aussi petit État exercé pendant si longtemps une aussi « grande influence », nous ne saurions cependant assimiler, ainsi que le fait cet écrivain, Victor-Amédée à Castruccio Castracani et à François Sforza. Il y a loin de ces hardis aventuriers, premiers auteurs de leur fortune, à un prince qui suivait bravement les anciennes traditions de sa famille; et on ne pourrait faire entrer en comparaison la scène étroite de combats et de complots sur laquelle parurent ceux-là avec le vaste champ de guerres et de combinaisons politiques où ce dernier se montra avec tant d'éclat.

Victor-Amédée était des plus violents dans ses affections et dans ses désirs [15]; d'une humeur sombre et inquiète, il ne recherchait ni le faste ni les amusements. Maître de lui-même, autant que rusé avec les autres, il lui arrivait toutefois, quoique très-rarement, de découvrir la fougue de son tempérament. Voici ce qu'en dit un témoin oculaire [16], au moment de la naissance de l'aîné des fils de Victor-Amédée: « Tout ce que l'on a pu dire à V. M. ne peut approcher « de tout ce que j'en ai vu, et je ne pensais pas qu'un père, « naturellement peu disposé par son tempérament à la ten- « dresse, pût trouver dans son cœur des mouvements de « paternité dont les accès ressemblent quasi plus à de la

---

[14] MACAULAY, *the History of England etc.* (édition de Tauchnitz, vol. VI, pag. 95).

[15] C'est ainsi que le qualifie M. BLONDEL, chargé d'affaires de France à Turin, dans ses *Mémoires* (manuscrit de la Bibliothèque du Roi à Turin). M. Blondel avait été admis dans l'intimité de Victor-Amédée.

[16] Le comte de Tessé. Voyez la lettre écrite par lui au roi Louis XIV, de Turin, le 20 juin 1699.

« fureur qu'aux autres mouvements ordinaires ». Il est facile d'expliquer cette explosion d'un sentiment de bonheur en rappelant que le duc, qui jusque là n'avait eu que des filles, désirait vivement avoir un héritier de sa couronne.

Maître absolu dans sa famille, ainsi que dans son État, toute volonté devait fléchir devant la sienne.

Il faut croire cependant que sous cette écorce dure et parfois repoussante les sentimens affectueux trouvaient encore quelque place. Nous en voyons des traces nombreuses dans la correspondance de sa fille. Marie-Louise s'adressait à son père avec les formes de douce familiarité qu'elle avait dû prendre en vivant avec lui dans ses premières années.

Par son caractère, le duc inspirait certainement bien plus de la crainte que de la confiance, et dès que la politique s'en mêlait, il oubliait les liens du sang pour ne plus écouter que la voix de ses intérêts. Les ruptures survenues en matière politique n'interrompirent cependant jamais la correspondance de ses filles avec leur mère et leur grand'mère ; on déplorait les effets de la guerre et on se portait toujours réciproquement un tendre intérêt. Nous verrons même, au plus fort des complications soulevées par la guerre, la jeune reine d'Espagne s'adresser résolument à son « cher papa » et faire tous ses efforts pour l'associer à ses vues.

Il est parlé dans l'histoire d'une longue liaison entretenue par Victor-Amédée avec la comtesse de Verrue, et si on en suit les phases, on connaîtra d'autant mieux la nature de l'homme. « J'ai entendu dire, écrivait la princesse Palatine [17], que ces deux amants passaient des jours entiers « à se quereller », et c'était la vérité. Le peu de lettres qui nous restent de madame de Verrue témoignent de ces fréquentes brouilleries, ainsi que des manéges secrets de cette dame. Pour se procurer du crédit auprès du roi de France, elle abusait des confidences de son amant. Madame de Verrue finit par s'évader de Turin : elle se retira à Paris.

<hr>

[17] Duchesse d'Orléans, dans sa *Lettre* du 18 juin 1716.

À peine établie dans cette ville, elle devint l'objet d'une surveillance spéciale de la part de l'ambassadeur de Savoie, à qui le duc ne cessait d'envoyer des ordres et des instructions à cet égard. On voulait surtout savoir si la conduite de la dame était régulière; la jalousie survivait à l'amour [18].

À Paris la comtesse n'allait pas alors dans le monde, mais elle était à même, par son étroite parenté avec les Luynes et les Soubise, d'avoir des renseignements sur la politique, et elle rendait à Victor-Amédée des services pareils à ceux que quelques années auparavant elle avait rendus à Louis XIV [19].

La famille royale formée aux habitudes de respect et de soumission, ainsi que nous l'avons vu, n'avait garde d'avoir l'air de s'être aperçue de ces déréglements de conduite de son chef. On cachait soigneusement les impressions pénibles qu'on ne pouvait éviter, et on suivait avec intérêt tout ce qui faisait croire au retour à de meilleurs sentiments. Bien des années après avoir quitté le toit paternel, Marie-Louise se réjouissait en recevant des nouvelles dans ce sens, qui lui arrivaient de Turin : « Je vis hier dans une « lettre, écrivait-elle à sa grand'mère le 6 novembre 1710,

[18] Ces ordres et ces instructions partaient le plus souvent du marquis de Saint-Thomas, qui les transmettait au nom du duc à l'ambassadeur. Si nous en croyons monsieur de Tessé dans ses *Mémoires*, le marquis aurait aussi dans le temps fait sa cour à la comtesse, et n'en aurait pas été trop maltraité. Cela sert peut-être à expliquer la répétition de ces recommandations. Voici le *post-scriptum* d'une dépêche de M. de Saint-Thomas à M. de Vernon, de Turin 18 décembre 1700 : « Vostra Eccellenza si « compiacerà di star attento alla condotta di Madama di Verrua ora che sarà in Parigi, « e S. A. R. mi comanda di accennarlo all'E. V. Stimo che sarà regolare come si con- « viene. Starà però alla prudenza di V. E. di scrivere in forma che si soddisfi all'in- « cumbenza e che concilii anche il gradimento della dama. Il che dico colla solita con- « fidenza che passa tra noi ».

[19] Les détails qui nous sont fournis par les mémoires du temps sur la comtesse de Verrue sont presque tous inexacts. C'est dans les dépêches du comte de Vernon qu'on en peut trouver de très précis et de fort curieux, soit sur les circonstances romanesques de son départ furtif de Turin, soit sur son séjour au couvent de Cherche-Midi à Paris, et sur l'acte de séparation d'avec son mari, dans lequel les conditions les plus humiliantes ne lui furent point épargnées.

« des nouvelles de mon père qui me firent grand plaisir.
« C'est sur sa dévotion et sur la vie réglée qu'il mène pré-
« sentement, voulant réparer le mal qu'il croit avoir fait
« dans sa jeunesse [20] ».

Il est donc évident que dans cette famille, composée de
personnes d'humeurs différentes, il exista toujours au fond
un accord d'affections, si ce n'est une conformité de sentimens; et on doit savoir gré à Victor-Amédée du laconisme
empreint d'une sensibilité profonde avec lequel il écrivait
de sa main à son ambassadeur à Paris le 16 septembre 1701 : « Je vous envoie mes lettres.... je ne puis
« vous en dire davantage, étant accablé d'avoir quitté hier
« ma fille [21] ».

Revenons à Marie-Louise. Son éducation avait été, comme
celle de presque toutes les grandes dames de son temps,
fort négligée sous le rapport de l'instruction, mais nourrie
de beaux exemples de grandeur d'âme et de noble dévouement. Son enfance s'était passée dans le bruit et les émotions des guerres portées dans le cœur du Piémont; elle
s'était trouvée avec sa famille obligée de sortir brusquement
de Turin; elle avait vu palissader les fortifications de cette
ville comme à la veille d'un siége [22]. Son oreille avait été
frappée du récit de la grande misère du peuple; elle avait
appris tous les efforts qu'on faisait pour empêcher des désordres publics, et comment son père, étant un jour au
milieu d'une foule de gens affamés et n'ayant plus d'argent
sur lui, avait brisé le collier de l'Ordre qu'il portait pour en
distribuer les morceaux à ceux qui l'entouraient.

Le spectacle de ces luttes et les anxiétés qui en étaient
inséparables avaient agi vivement sur un esprit d'aussi bonne
trempe que le sien.

Dans l'intérieur de sa famille, Marie-Louise avait dans

---

[20] *Lettre* publiée par madame la comtesse della Rocca.
[21] Archives générales à Turin.
[22] Mai et juin 1691.

sa mère un guide et un exemple très-propres à la bien diriger. La princesse Palatine écrivait plusieurs années après : « La « reine d'Espagne est restée plus longtemps près de ma- « dame sa mère que notre dauphine; aussi a-t-elle été bien « mieux élevée [23] ». Et toutes les fois qu'on a voulu comparer entre elles les deux sœurs l'avantage en est toujours resté à Marie-Louise.

Voltaire a dit, en parlant de la duchesse de Bourgogne, que les éloges qu'on donnait à sa sœur en Espagne lui inspirèrent une émulation qui redoubla en elle le talent de plaire [24]. Oui, le talent de plaire était tout à Versailles, mais en Espagne les choses se passaient autrement. Le rôle de Marie-Louise fut plus considérable que celui qui échut à Adélaïde de Savoie; elle le remplit au milieu des circonstances les plus difficiles, et il lui acquit une réputation aussi grande qu'elle fut méritée.

On parle encore aujourd'hui beaucoup plus de la duchesse de Bourgogne que de la reine d'Espagne. L'opinion a des inconséquences, l'histoire a des erreurs qu'on déplore souvent et qu'on ne prévient jamais.

L'humeur du public français, prêt à saisir tout ce qu'il y a de fin et d'agréable et à s'en faire une idole; le concours d'éloges donnés à la duchesse de Bourgogne par les écrivains les plus estimés; le vide immense que fit sa mort à la cour de France, dont l'éclat parut s'éteindre avec elle; tout s'accorda pour occuper la postérité de ce qui a trait à la vie de cette princesse.

Sa sœur, au contraire, mêlée à de graves événements soumis à des appréciations différentes; vivant dans une cour dominée par l'étiquette et fermée au plaisir; placée à la tête d'un peuple sérieux, aussi capable d'héroïsme qu'insensible aux attraits des agréments passagers et des émotions fugitives; sa sœur, disons-nous, eut une tout autre destinée;

---

[23] *Lettre* du 6 mai 1716.
[24] *Siècle de Louis XIV*, chap. 28.

elle s'y plia de bonne grâce, s'y fit valoir avec beaucoup de courage et de dignité, et s'y ménagea une place distinguée dans l'histoire du pays dont elle ceignit la couronne.

Puisque nous avons mis en regard les portraits des deux princesses, il nous sera permis de citer encore ici une lettre de Marie-Louise au sujet de sa sœur. Moraliste de quatorze ans, elle s'exprimait ainsi dans une lettre adressée à sa grand'mère : « Vraiment, ma chère grand'maman, je sais bien « que tous les mariages ne sont pas si heureux que le mien, « et je reconnais bien mon bonheur en cela. Je désirerais bien « que ma sœur aimât monsieur le duc de Bourgogne la moitié « seulement de ce que j'aime le roi, car ce serait encore beau- « coup. Je ne puis pas m'empêcher de vous dire que, si elle « ne le fait pas, je ne la peux pas louer, car elle serait « une ingrate de ne pas répondre à toutes les marques d'a- « mitié que M^r le duc de Bourgogne lui donne; mais je ne « doute pas qu'elle le fasse. Au moins, si elle n'a pas cela « intérieurement, elle fera dans l'extérieur tout ce qu'il « faut pour le faire croire [23] ».

Nous répéterons que la personne qui écrivait ces lignes n'avait que quatorze ans, et que cette pièce nous donne la mesure de tout ce qu'on pouvait attendre de son discerne- ment et de sa sagacité alors qu'elle se serait trouvée dans l'occasion de les employer.

Sans nous arrêter à parler de la grande portée de l'esprit de Marie-Louise, sur laquelle il nous faudra revenir plus d'une fois, nous nous bornerons à faire remarquer qu'elle a su fort bien suivre les différents modèles des qualités propres a former une grande princesse que lui offrait sa famille: le bons sens et le calme naturel de sa mère; la retenue cal- culée de sa grand'mère; la résolution et le courage de son père. Ajoutez à cela la vivacité propre de son âge, et

---

23   Cette *Lettre*, du 26 juillet 1702, publiée par nous la première fois dans notre *Mémoire* inséré dans le Récueil de l'Académie impériale de Chambéry, fait aussi partie des publications de madame la comtesse della Rocca.

de l'enjouement naturel, et vous aurez les traits principaux du caractère de cette princesse, dont nous nous proposons d'étudier la conduite.

Quant à sa piété, elle fut toujours solide et sincère; exempte de bigoterie et de superstition dans un temps et dans un pays où il était difficile de s'en préserver. Les détails qu'on lira sur sa dernière maladie nous la montreront telle qu'elle a été pendant tout le cours de sa trop courte vie.

Nous avons dit que cette princesse avait reçu peu d'instruction. Elle écrivait comme elle avait appris à parler, par ce qu'elle entendait autour d'elle. Si dans ses lettres la langue n'est pas toujours respectée, la pensée du moins n'y est jamais trahie [26]. Il ne faut pas s'attendre à trouver dans ce qu'elle écrit quelque chose en dehors des circonstances de la vie réelle et des affections de famille. Il s'exhale de cette correspondance comme un parfum de cordialité, qui aurait un prix tout particulier quand même il ne s'agirait pas de têtes couronnées. C'est une nature d'élite qui ne se dément jamais; c'est un cœur de femme que rehausse le sentiment du devoir.

Il nous reste encore à mettre sous les yeux du lecteur le portrait d'après nature commandé par madame de Maintenon au duc de Gramont qui la vit, une fois rendue en Espagne: « Elle était presque aussi grande que la duchesse de « Bourgogne, sa sœur aînée; elle en avait la taille fine et « les manières grâcieuses; son air était tout à fait noble et « majestueux; ses yeux médiocrement grands et peu vifs; « son teint pâle mais beau; sa bouche petite; ses dents assez « blanches mais mal rangées. On ne pouvait pas dire que « c'était une beauté, mais on pouvait assurer que sa figure « plairait toujours à tout homme de bon goût. Quant à son « esprit (ajoutait encore le duc de Gramont à madame de

---

[26] La publication que nous faisons de quelques lettres de la reine (la plupart inédites) sera toujours textuelle. Nous nous bornerons à en rectifier l'orthographe pour en faciliter la lecture.

« Maintenon), tout ce qu'a pu vous revenir à ce sujet est de
« beaucoup au-dessous. de ce que je viens de voir et d'en-
« tendre. La reine d'Espagne est ce qui s'appelle, dans le plus
« exquis, une personne fort extraordinaire; et vous pouvez
« tabler sur ce portrait ».

CHAPITRE II.

**Négociations du mariage de la princesse Marie-Louise avec le
duc d'Anjou — Cour de Madrid — Conclusion du mariage —
Départ de la reine.**

En acceptant pour son petit-fils le duc d'Anjou le dernier testament de Charles II, Louis XIV devait prévoir
qu'il lui aurait fallu bientôt après soutenir par les armes le
nouveau roi d'Espagne sur un trône mal affermi; que ses
alliés de la veille seraient ses ennemis du lendemain; et
que la guerre éclaterait d'abord en Italie.

Le brusque changement de politique que la France venait d'opérer, en se mettant au mois de novembre en contradiction ouverte avec ce qui au mois de mars précédent
avait été solennellement convenu à Londres [1] dans le second
traité de partage, devait naturellement irriter les puissances
qui avaient pris part à cet arrangement.

Au reproche d'une versatilité coupable se joignait contre
Louis XIV celui, plus ancien, d'une ambition démesurée. Tout
le monde allait se tourner contre lui, et la vieille rivalité
de l'Autriche à l'égard de la France ne pouvait que tirer
de là le plus grand avantage.

De toutes les puissances qui l'entouraient, Louis XIV
n'avait plus que le duc de Savoie en qui il pût encore se
confier. Enchaîné en quelque sorte, par la position de ses

---

[1] 23 mars.

États et par la suite des dernières guerres, au char de la France, plutôt que désireux de le suivre, ce prince se trouvait forcé de temporiser et d'attendre une occasion favorable pour recouvrer sa liberté d'action. Humilié de devoir toujours déférer aux volontés de Louis XIV, et las de supporter les hauteurs de ce monarque, Victor-Amédée aurait été plus enclin à se séparer de lui qu'à s'attacher de nouveau à sa fortune. Il suivait de l'œil l'orage qui se formait à l'horizon ; et s'il évitait d'irriter la France contre lui, il cherchait également à ne pas se mettre dans l'impossibilité de se détacher d'elle ; situation délicate, dangereuse même, s'il en fut, et dans laquelle le duc dut déployer toutes les ressources de son génie.

Louis XIV n'hésita point à faire des avances à Victor-Amédée. Avant même que Philippe V quittât Versailles pour se rendre à Madrid, on traita de son mariage avec la princesse de Savoie.

Le 4 décembre 1700 [2] le marquis de Torcy, ministre des affaires étrangères, en fit les premières ouvertures au comte de Vernon, ambassadeur de Savoie à Paris. Il lui dit que le roi avait été particulièrement sensible à la manière dont le duc s'était prêté à la demande d'accorder le passage des troupes françaises sur ses États et à l'offre qu'il lui avait faite de joindre ses propres forces à celles de S. M. si les circonstances devenaient plus graves et les besoins plus pressants ; que le roi désirait resserrer de plus en plus, par de nouveaux liens de famille, les liens d'amitié entre les deux États ; qu'ainsi il lui proposait le mariage de son petit-fils avec la princesse Marie-Louise.

M. de Torcy ne manqua pas d'ajouter que de cette alliance de famille le duc de Savoie pourrait, avec l'aide du roi très-chrétien, tirer les plus grands avantages, d'autant plus qu'il convenait aux deux couronnes de le détacher à jamais de la maison d'Autriche.

2 Le départ de Philippe V eut lieu ce même jour.

M. de Vernon répondit, avec plus d'adresse peut-être que de sincérité : que le duc de Savoie était sans doute attaché aux deux maisons de France et d'Autriche, mais que c'était par inclination quant à la première, par nécessité à l'égard de l'autre.

Le ministre alors, ayant l'air de se reprendre comme s'il avait mal exprimé sa pensée, répliqua qu'on ne pouvait assurément pas dire que le duc de Savoie fût trop porté pour l'Autriche, mais qu'il était bon de l'attacher encore davantage à la France par la parenté et par l'intérêt [3].

Pendant que cela se passait à Paris, le comte de Tessé, qui se trouvait à Turin en mission spéciale pour le passage des troupes dont nous venons de parler, cherchait à sonder les intentions du duc au sujet de ce mariage. Il lui parla de ce projet comme d'une idée venant de la duchesse de Bourgogne, sans manquer de rappeler qu'il y aurait aussi d'autres princesses qui pouvaient aspirer à épouser le jeune roi, et il nomma la princesse de Guastalla.

Usant de sa circonspection habituelle, Victor-Amédée ne se montra aucunement empressé de se prononcer définitivement. Il se borna à répondre à M. de Tessé : que la princesse sa fille était bien portante et qu'il pourrait la voir ; que, quant à la princesse de Guastalla, ce devait être celle qu'on avait dit destinée au roi des Romains ; que le testament de Charles II était cependant contraire à toute autre qu'à une archiduchesse ; qu'enfin il espérait profiter aussi dans cette circonstance de la protection du roi [4].

Si quelqu'un trouvait étrange qu'un père, au moment

---

[3] *Dépêche* du comte de VERNON au duc Victor-Amédée, 5 décembre 1700 (*Archives générales à Turin*).

[4] « Risposimo che doveva essere quella che già si vociferò di dare al re de' Romani ; « che egli avrebbe veduta la principessa mia figlia, quale era ben stante ; che però il « testamento del fu re cattolico era contrario a tutt'altra che ad una arciduchessa ; che « tuttavia speravamo d'aver anche in questo a sperimentare la protezione di sua Maestà ». *Dépêche* du duc au comte de Vernon, 31 décembre 1700 (*Archives générales à Turin*).

qu'on lui demandait sa fille pour un mariage avantageux, rappelât les titres qu'une autre aurait à lui être préférée, on lui répondrait que Victor-Amédée, tout en tenant à cette alliance, ne voulait pas laisser croire qu'il méconnût ce que d'autres pouvaient prétendre. Le duc prévoyait dans sa sagacité qu'il serait bientôt forcé de se détacher de la France.

Les prévenances de Louis XIV n'inspiraient aucune confiance à Victor-Amédée : les leçons de l'expérience ne lui avaient pas manqué, et il savait qu'il ne pourrait s'attendre de la part de son puissant voisin qu'à de superbes dédains ou à des caresses intéressées. En un mot, il se sentait mal à son aise du côté de la France, tandis que du côté de l'empereur s'ouvraient devant lui de plus belles perspectives. Les États de la maison de Habsbourg étaient séparés des siens par un grand intervalle, et la rivale de la prépondérance française devenait pour lui une protectrice naturelle.

Après que la succession de Charles II eut fait entrer l'Espagne dans le système politique de la France, le duc de Savoie, serré entre ces deux États comme dans un étau, avait tout à craindre et n'avait rien à espérer de ses voisins. De là une inévitable tendance à se soustraire à cette dure condition. Tout cela était bien compris par le cabinet de Versailles, qui craignait à chaque instant un changement de politique de la part du duc. On ne cessait d'attribuer à la mauvaise volonté de celui-ci ce qui n'était qu'un effet de la position forcée à laquelle on l'avait réduit.

Les correspondances diplomatiques de cette époque ne nous laissent aucun doute à cet égard. Même avant le commencement de la guerre de la succession d'Espagne, on reconnaissait le penchant naturel du duc à se porter de préférence vers l'empereur. « Si l'empereur a besoin de lui (écrivait le comte de Tessé à Louis XIV de Turin le 24 juin 1699) pour les vues qu'il peut avoir en Italie, on lui

« promettra beaucoup, et ce prince écoutera tout, car il est
« naturellement porté de ce côté-là ; et bien qu'il connaisse
« que son intérêt n'est pas à écouter l'empereur, cependant
« sa malheureuse étoile l'y conduit[5] ». Tessé observait en
diplomate et parlait ici en courtisan ; l'étoile du duc de
Savoie n'était que le calcul de ses intérêts, et il est certain
qu'il avait à attendre beaucoup plus de l'empereur que de
Louis XIV. Nous verrons par la suite comment celui-ci au
moment du danger chercha à gagner le duc par des promesses confuses et embrouillées. Victor-Amédée ne s'y laissa
pas prendre ; il préféra les chances d'une lutte terrible à la
certitude d'un assujettissement complet.

Les historiens français n'oublient jamais d'accuser de duplicité et de manque de foi le duc de Savoie, sans s'arrêter
assez sur l'exemple donné par la France elle-même de changements subits de politique dictés par les intérêts du moment.

C'était donc dans des dispositions d'esprit assez inquiètes
que le duc recevait la demande en mariage de sa fille pour
le nouveau roi d'Espagne. La négociation se poursuivit sans
difficulté ; le duc recevait de Paris les renseignements les
plus précis, soit par l'ambassadeur, soit par madame de
Verrue qui lui écrivait frequemment.

Habile à saisir les occasions pour veiller à ses intérêts,
le duc aurait voulu négocier en même temps pour la liquidation de certaines créances qu'il avait envers l'Espagne, à
commencer par la dot non payée de sa bisaïeule, l'infante
Catherine, femme de Charles-Emmanuel I. Sans refuser
positivement de discuter ces points litigieux, on en renvoya
l'examen après la conclusion du mariage afin de ne pas
entraver la marche de cette affaire principale.

Il y eut cependant un moment où l'on parut craindre des
embarras sérieux, qui ne tardèrent pas à disparaitre. Le
pape Clément XI avait offert sa médiation entre le roi Philippe et l'archiduc Charles. Cette médiation n'ayant point

____

[5] *Mémoires* de Tessé, tom. I, pag. 172.

été acceptée, le pape mit en avant un projet de mariage de Philippe avec une archiduchesse d'Autriche; c'était revenir au testament de Charles II. Cette idée ne réussit pourtant pas. Le parti espagnol, qui avait fait appeler au trône le duc d'Anjou, craignait que la présence d'une archiduchesse ne ranimât le parti autrichien, et Philippe préférait aussi la princesse de Savoie à toute autre par l'estime qu'il avait pour la duchesse de Bourgogne sa belle-sœur.

L'arrangement du mariage fraya la route à la conclusion d'un traité. C'était la cause qui se découvrait après l'effet. Par une convention signée à Turin le 6 avril 1701, le duc de Savoie, non-seulement comme prince d'Italie, mais encore pour marquer son attachement aux intérêts du roi très-chrétien et à ceux du roi Catholique, petit-fils de S. M., s'engageait à unir ses forces à celles de leurs Majestés susdites comme des alliés unis dans les mêmes intérêts doivent faire pour la même cause [6].

Victor-Amédée était déclaré dans ce traité généralissime des armées des deux rois pour aussi longtemps que ses armées seraient jointes à celles de la France et de l'Espagne.

On y faisait ensuite toutes les dispositions comme si la guerre allait éclater. Aussi une armée autrichienne ne tarda pas à déboucher par le Tyrol en Italie, et la campagne s'engagea; elle ne fut pas heureuse pour les nouveaux alliés; on se battit bravement, mais sans succès. Par une de ces bizarres combinaisons que la politique se réserve, on vit sur le champ de bataille, à la tête des autrichiens, le prince Eugène de Savoie contre le chef de sa maison, et à ses côtés le prince Thomas de Vaudémont, dont le père à l'heure même, au nom du roi d'Espagne, gouvernait le duché de Milan.

Le mariage de Philippe V avec la princesse de Savoie fut enfin annoncé au peuple de Madrid le 2 mai 1701, et le 10 du même mois le roi adressa la lettre suivante à sa fiancée:

[6] Paroles du traité.

« Serenissima Señora,

« Le roi très-chrétien, mon seigneur et grand père, e
« moi, souhaitant procurer à cette monarchie toute sorte de
« bonheur, voyant qu'il n'y en aurait point de plus grand
« que le consentement de V. A. S. au traité de mon ma-
« riage avec votre royale personne, et ayant à présent reçeu
« la précieuse nouvelle que par l'entremise de S. M. T. C.
« et de Mgr. le duc, père de V. A. S., cette importante affaire
« vient d'être entièrement établie; come je suis le principal
« et le plus intéressé, j'ai voulu dès à présent en témoigner
« à V. A. S. cette très-juste reconnaissance, et l'estime di-
« stinguée avec laquelle j'ai agréé cette marque de votre
« amitié, me persuadant que vous me la continuerez, ainsi que
« je tâcherai de l'acquérir pour répondre à V. A. S. par
« les respects qui conviennent à mes obligations et à votre
« personne. Notre Seigneur garde V. A. S. comme il est
« besoin, et que je désire.

    « Buen-Retiro à 10 de Mayo 1701.
    « Buen hermano y primo de V. A. S.
    « yo: el Rey [7] ».

Aussitôt le mariage publié, il fallut choisir le personnage
destiné à aller, comme ambassadeur extraordinaire à Turin,
stipuler le contrat de mariage et à accompagner ensuite la
nouvelle reine en Espagne.

On voulait un Grand d'Espagne qui fût en même temps
un riche seigneur, car, dans la disette du trésor, on exigeait
que celui qui serait honoré de cette mission en soutînt à ses
propres frais toute la représentation [8].

Le choix tomba sur don Charles Homodei, marquis de
Castel-Rodrigo, qui le premier s'était offert à la remplir.

---

[7] Bibliothèque du roi à Turin.

[8] « Senza pretendere nissun sussidio da S. M. per delle spese ». *Dépêche* du commandeur Operti, ambassadeur de Savoie à Madrid (*Archives générales à Turin*).

Il y étala beaucoup de magnificence, quoi qu'on ne lui en eût pas imposé un devoir rigoureux [9].

Dans l'intention de diminuer la dépense, et plus encore de se rendre la vie plus agréable, le roi, en attendant son épouse, commença à faire de considérables réductions dans les emplois de la cour ; il abolit la séparation absolue qui existait auparavant entre la maison du roi et celle de la reine, et se prit à modifier en quelques points la vieille étiquette.

Le roi arrangea les choses de façon qu'il pût vivre dans une grande intimité avec la reine, tandis que, suivant l'ancienne étiquette, à peine une ou deux fois dans l'année le roi et la reine dînaient ensemble. Il voulut aussi apporter de l'ordre dans la distribution des places, et il abolit toutes les survivances accordées par son prédécesseur dans l'administration des royaumes des Indes, en faisant toutefois rembourser aux titulaires l'argent qu'ils avaient payé aux finances pour les obtenir.

Il était impossible qu'un prince élevé à la cour de Louis XIV s'accoutumât aux délassements dégoûtants du palais de Buen-Retiro et de Madrid. Aussi Philippe V ne voulut-il plus voir autour de lui ces nains et ces bouffons qu'on logeait à la cour pour divertir une race dégénérée de souverains par leurs lazzis et leurs impertinences [10].

Sans déroger aux restrictions prescrites par les distinctions de rang à la cour, qui formaient en Espagne une des bases du gouvernement, le nouveau roi admit quelques personnes

9 « L'idea delle due corti di Francia e di Spagna, da quel che ho potuto comprendere dai discorsi del cardinal di Toledo, dal bali Arias e dall'inviato di Francia, sarebbe che si facesse d'ambe le parti detto matrimonio con più cordialità che dispendio ». *Dépêche* de l'ambassadeur OPERTI, 6 juin 1701 (*Archives générales à Turin*).

10 « Non gustando sua Maestà del trattenimento di questi suoi nani e buffoni, che eccedono in impertinenza, ha ordinato che se gli assista con 200 ducati annui per ognuno, però che non gli debbano più comparire innanzi ». *Lettre* de l'ambassadeur OPERTI au marquis de Saint-Thomas, ministre et premier secrétaire d'État, 23 juin 1701 (*Archives générales à Turin*).

dans son intimité; il ne se refusa pas à des conversations agréables, et il permit à ceux qui jouaient avec lui de s'asseoir à la table de jeu, tandis que la vieille étiquette les aurait obligés de rester à genoux!

Nous aurons occasion de revenir sur des questions de cérémonial, qui prirent plus d'une fois les proportions d'une affaire d'État. Les discussions sur la *golilla* et sur le *banquillo* ne seront pas oubliées; mais il nous faut maintenant achever le récit de la conclusion du mariage.

Les communications entre les différents pays étaient alors aussi lentes que les routes étaient mauvaises et peu sûres; il n'y a donc pas de quoi s'étonner si la publication officielle du mariage se fit à Turin un mois après qu'elle avait eu lieu à Madrid.

Le 1er juin [11] le mariage de Madame la princesse Marie-Louise-Gabrielle de Savoie avec Philippe V de Bourbon, roi d'Espagne, fut publié avec grande solennité à Turin. La princesse reçut les félicitations de toute la noblesse; il y eut des illuminations et des feux de joie dans la ville; et don Antoine De-Silva, envoyé d'Espagne, gratifia pendant trois jours la population de Turin d'une abondante fontaine de vin placée devant sa maison.

Comme nous tenons à reproduire fidèlement les mœurs et les usages du temps, il nous sera permis de donner ces détails ainsi que ceux qui vont suivre.

Une grande dame espagnole, la duchesse del Sesto, marquise de Los Balbases, fille du duc de Medina-Cœli, fut la

---

[11] 1701. Pour tous les détails qui suivent nous avons consulté le *Ceremoniale della real Corte di Savoia esercito e registrato d'ordine di S. A. R. da me conte di Montemarzo Maurizio* ROBBIO, *Maggiordomo di detta R. A., dalli 27 maggio* 1699 *sino li 10 settembre* 1702 (manuscrit de la bibliothèque du roi à Turin). Le recueil des récits officiels de toutes les cérémonies qui eurent lieu à la cour de Savoie, et plus tard de Sardaigne, contient des renseignements curieux et importants pour l'histoire. Les maîtres des cérémonies tenaient ces registres avec une grande exactitude. C'est une collection volumineuse qui remonte aux premières années du XVII siècle; elle se trouve maintenant, ainsi que nous venons de le dire, à la bibliothèque du roi à Turin.

première qui vint saluer sa future reine à Turin [12]. Elle fut reçue à la cour avec les distinctions les plus marquées, et fit présent à la jeune princesse d'un habillement complet à l'espagnole. Cet habillement se composait d'une robe garnie en dentelle de fil de Flandre, de deux corsets, de jupons, d'une perruque et autres ajustemens analogues. La princesse voulut revêtir immédiatement ce costume ; elle se fit aider par la marquise, et le garda pendant la journée entière.

Le marquis de Castel-Rodrigo arriva bientôt après à Turin pour prendre les arrangements préalables à la stipulation du contrat de mariage. Cet acte fut signé le samedi 23 juillet 1701 [13]. Parmi les signatures se trouve celle du grand chancelier marquis de Bellegarde, intervenu dans l'acte comme curateur de la princesse et représentant des intérêts du

[12] Au commencement de juillet 1701.

[13] La dot constituée à la princesse par ce contrat de mariage était, suivant l'usage de la maison de Savoie, de deux cent mille écus d'or au coin de Savoie, faisant cent mille pistoles. Elle devait se prendre sur une plus forte somme due par la couronne d'Espagne au duc de Savoie. Cette créance se composait de cinq cent mille pièces dites Castillanes, de onze réaux chacune, formant la dot promise par le roi Philippe II à sa fille l'infante Catherine, mariée au duc Charles-Emmanuel I, et non payée ; de ce qui restait dû sur la somme de deux cent mille écus empruntée par le roi Philippe III au duc susdit à l'occasion du mariage de l'infante Marguerite avec le duc de Mantoue en 1606 ; enfin de ce qui restait à payer des subsides que l'Espagne s'était engagée à fournir au duc de Savoie pendant les dernières guerres. La liquidation de ces créances devait se faire dans le terme d'une année, à compter du jour du contrat de mariage, par une commission qui devait se réunir à Madrid. On ne voit pas que ce travail ait été achevé.

Quant aux avantages nuptiaux, le duc déclarait qu'il aurait traité la princesse sur le même pied de ce qui s'était fait pour la duchesse de Bourgogne. On énonçait que l'accompagnement de la princesse allant en Espagne aurait lieu d'une façon assez simple (*succincta*).

La partie la plus étendue de ce contrat est celle de la renonciation que la princesse fait à toute espèce de droit de succession dans la souveraineté des États de la maison de Savoie en faveur des mâles issus de cette famille. Les clauses les plus amples et les plus minutieuses, imaginées par la pratique judiciaire, s'y trouvent toutes insérées à l'effet de rendre impossible une réclamation quelconque contre cette renonciation. La princesse y est représentée assistée par le grand chancelier en qualité de curateur pour fait de minorité, attendu le concours dans la personne du duc de la double qualité de père et de souverain.

pays [14] pour valider la renonciation qu'y faisait la princesse au droit de succession à la couronne. Ce fut précisément à cause de cette renonciation que le sénat de Piémont enregistra et entérina l'acte susdit dans les formes légales le 31 août suivant [15].

Aussitôt après avoir signé le contrat de sa fille, le duc quitta Turin pour retourner à l'armée. L'escadre qui devait conduire la nouvelle reine en Espagne parut bientôt en vue de Villefranche ; elle se composait de sept galères napolitaines et de quatre françaises.

Le mois de septembre arriva ; c'était l'époque fixée pour la célébration du mariage. Si l'on devait croire aux présages, le sort orageux réservé à la princesse aurait été annoncé par la bataille de Chiari, livrée précisément le premier jour de ce mois, et par l'absence forcée de son père, que les devoirs d'un commandement mal secondé par la fortune retenaient loin de sa famille au moment où sa fille allait lui dire adieu pour toujours [16].

Malgré les agitations et les dangers d'une guerre si rapprochée du Piémont, les cérémonies qui devaient précéder et accompagner le mariage se firent à Turin avec calme et dignité. On était tellement accoutumé dans ce temps à ces anxiétés, si souvent renouvelées, que le courant des affaires ne s'en trouvait presque plus dérangé. La guerre d'ailleurs n'allait pas

---

[14] Dans le registre cité du maître des cérémonies, à propos de la signature de ce contrat, on lit : « sotto, a parte, segnò il signor gran cancelliere Bellegarde, come cura- « tore e padre della patria ».

[15] Le sénat en Piémont exerçait une autorité analogue à celle du Parlement de Paris pour l'enregistrement et la vérification des édits.

[16] On a lu au Chapitre précédent la Lettre adressée par Victor-Amédée au comte de Vernon, datée de Turin le 16 septembre. Il est impossible de mettre d'accord cette date avec ce qui résulte du registre du maître des cérémonies, dans lequel on a marqué jour par jour tous les noms des premiers personnages de la cour qui se trouvaient présents aux différentes cérémonies. Le nom du duc n'y paraît plus, depuis le jour de la signature du contrat jusqu'au 26 novembre de la même année, où l'on marque son retour du camp. Dans les *Mémoires* de Tessé (tom. I. pag. 227) il est dit que le duc quitta l'armée le 17 novembre 1701 pour retourner à Turin.

alors du train dont elle va aujourd'hui; l'effet d'une bataille ne s'étendait souvent qu'à quelques lieues de terrain, et les résultats d'une campagne étaient, pour ainsi dire, mis en coupe réglée.

L'entrée solennelle du marquis de Castel-Rodrigo se fit à Turin le 8 septembre. On y déploya une grande magnificence; toute la cour s'associa à l'éclat de cette réception.

Le cortége de l'ambassadeur se composait de cinq voitures, dont deux à huit chevaux et trois à six, entourées de dix-huit pages habillés de velours cramoisi orné de riches broderies d'or, et d'une nombreuse livrée. Les voitures des seigneurs de la cour et des amis de l'ambassadeur se joignirent au cortége, qui parcourut les rues de Turin au milieu des applaudissements de la foule.

Deux jours se passèrent en audiences et en visites d'étiquette. La première fois que l'ambassadeur rencontra au cours la princesse, il descendit de son carrosse, se porta à la portière de celui de la princesse, mit un genou à terre et baisa respectueusement la main à sa nouvelle souveraine. On remarqua ce luxe insolite de cérémonial et de galanterie espagnole, auquel on n'était pas habitué, mais qui plaisait en vue de la personne qui en était l'objet.

La cérémonie du mariage eut lieu le dimanche, 11 septembre, à trois heures après midi, dans la chapelle du Saint-Suaire à Turin; le prince de Carignan épousa la princesse, par procuration, au nom du roi d'Espagne. Toutes les règles de la plus stricte étiquette y furent observées, et, en quittant l'autel, la nouvelle reine eut le pas sur toute sa famille.

Le lendemain on se mit en route pour Nice, où la reine devait s'embarquer.

Sa mère et sa grand'mère l'accompagnèrent jusqu'au Bourg san Dalmazzo, au pied du Col de Tende. Les adieux furent tendres et touchants, et empreints de cette tristesse que l'idée de ne plus se revoir venait y ajouter.

On avait formé une cour nombreuse pour suivre la princesse jusqu'au moment de sa remise à l'Espagne [17]. Il avait été d'abord question de la faire accompagner jusqu'à Madrid par la princesse de Carignan, mais on avait dû renoncer à ce projet pour ne pas s'embarrasser dans des questions de cérémonial que les prétentions des grands d'Espagne n'auraient pas manqué de soulever.

À peine la reine avait-elle franchi le Col de Tende, que sa correspondance avec ses parents, qui devait continuer pendant toute sa vie, commençait par des élans de reconnaissance. « Vous me faites compliment, ma chère maman, « sur ma naissance (écrivait la fille à sa mère, de Sospel, le lendemain de leur séparation, 17 septembre 1701): c'est « bien plutôt à moi à vous le faire et vous remercier de « m'avoir mise au monde [18] ».

La reine arriva à Nice le 18 septembre vers le soir; elle y fut reçue par une députation de l'administration municipale qui, selon l'usage antique de ces contrées, se composait de quatre classes : les nobles, les marchands, les artisans et les laboureurs [19]. Les démonstrations de la joie populaire,

---

[17] La cour de la reine était composée, outre le marquis de Castel-Rodrigo et d'Almonacid, envoyé d'Espagne pour l'accompagner, des personnes suivantes: le marquis de Dronero, grand chambellan (ce seigneur, comme descendant d'une fille naturelle du duc Emmanuel-Philibert, jouissait à la cour de Savoie d'une position particulière qui lui donnait rang immédiatement après les princes du sang; il était chargé de procéder à l'acte de remise de la reine); le marquis de Saint-George, grand maître de la maison de S. A. R.; le marquis Tana, capitaine de la garde; le marquis de Sales, écuyer de la reine; l'abbé del Maro, aumônier; le comte Robbio, maître des cérémonies; le comte Balbian, majordome de la reine; le commandeur Sandigliano; le comte d'Arcourt; le chevalier d'Aglié; quatre pages de S. A. R., et quantité d'autres personnes de service : mesdames la princesse de Masseran, la baronne de Noyer, ancienne gouvernante de la reine, la marquise de Cirié, la baronne de Pallavicino, la comtesse de Pertengo et la comtesse de Piossasco.

[18] Archives générales a Turin.

[19] Voici les noms des quatre députés: Orazio Camerano, noble; Gian Francesco Blanchi, marchand; Vincenzo Brusset, artisan; Guglielmo Tobou, laboureur. — Les détails concernant l'entrée et le séjour de la reine à Nice sont extraits en partie du registre du *Ceremoniale* du comte Robbio et en partie du *Diario o sia relazione di quanto è occorso in questa Città* (di Nizza) *dalli 28 agosto sino alli 29 di settem-*

ou de ce qui en prend le nom, furent vives et bruyantes. On suivit la coutume du pays en dansant des farandoles et en chantant des couplets de circonstance sous les fenêtres de la reine [20].

Pendant son séjour à Nice la cour fut fort occupée de la visite du cardinal Archinto, archevêque de Milan, envoyé par le pape en qualité de légat *a latere* pour apporter ses félicitations et sa bénédiction à la reine. La venue du légat acquérait une plus grande importance parce qu'elle signifiait l'adhésion de Clément XI à une alliance qu'il s'était efforcé d'empêcher quelques mois auparavant.

La visite du légat eut lieu avec ces pompeuses formalités que la cour de Rome déploie dans de pareilles circonstances. Le cardinal Archinto remit à la reine, au nom du souverain pontife, le corps de sainte Adeodata et la rose d'or; l'un et l'autre furent, par ordre de la reine, envoyés au trésor de la chapelle du Saint-Suaire de Turin, dans laquelle, ainsi que nous l'avons dit, s'était célébré le mariage.

Le 27 septembre Marie-Louise s'embarqua sur la galère capitaine de l'escadre royale de Naples. La poupe du navire avait été richement décorée de draperies en brocart, de peintures et de meubles magnifiques; la chiourme était en livrée avec les rames dorées.

C'est sur le pont de ce superbe et incommode navire que Marie-Anne de la Trémoille, princesse des Ursins, se présenta pour la première fois à la reine qu'elle devait servir

---

bre *in occasione della venuta e soggiorno della reale Infante Maria Gabriella di Savoia, regina delle Spagne, ed accoglienza del signor Cardinale Archinti, legato a latere, nel suo solennissimo ingresso in essa Città, scritto da Carlo Francesco* TURRINI *di Lantosca in Nizza abitante* (Manuscrit de la bibliothèque du roi à Turin).

[20] Voici un des couplets en patois niçais:

« Ieu non sabi che faire,
« De rire ò de plourà:
« Plouri perchè s'en va;
« Mai pensan che vù faire,
« Ieu non sabi che faire
« De rire ò de plourà » (TURRINI, *Op. cit.*).

en qualité de *camarera mayor;* emploi qu'elle avait sollicité avec des instances si pressantes, dans le secret pressentiment peut-être du grand rôle qu'elle allait jouer en l'exerçant.

Dans le même endroit fut dressé par le comte Salmatoris, premier président du sénat de Nice, l'acte de remise de la reine, et l'escadre aussitôt après se mit en route pour Barcelone.

CHAPITRE III.

La navigation était devenue trop pénible pour la reine, la mer étant agitée et la construction des galères peu commode; après avoir relâché à Antibes, l'escadre s'était arrêtée à Toulon. On n'osait pas suivre la route de terre par la Provence, le Languedoc et le Roussillon, sans en avoir eu la permission du roi de France; un courrier fut dépêché à cet effet. En attendant, on devait séjourner à Toulon, et il fallut vaincre les scrupules d'étiquette, qui préoccupaient l'esprit du marquis de Castel-Rodrigo, pour obtenir de lui qu'il laissât à la reine la liberté de coucher à terre au lieu de la faire retirer tous les soirs à bord des galères.

La permission de continuer la route par terre ne se fit pas attendre. Le roi de France regretta seulement que le manque de temps empêchât d'envoyer les équipages et le service de la cour.

Nous allons suivre la reine dans ce voyage et recueillir de sa plume les impressions qu'elle recevait. Marie-Louise ne tarda pas à saisir le contraste que lui offraient les manières des officiers de son ancienne cour et celles des personnes qu'on venait d'attacher à son service. « Les Piémontais « n'ont pas lieu, je vous assure (écrivait elle à sa mère, à peine arrivée à Marseille[1]), d'aimer les Espagnols, car « ils les traitent si mal que cela fait compassion sur toutes

[1] Le 11 ottobre 1701 (*Archives générales à Turin*).

« choses ; et principalement le contrôleur Batiste, car ils
« le grondent presque tous les jours, lui disant qu'il ne fait
« point faire bonne chère, et en attendant ils ne lui donnent
« rien pour la faire. Bon Dieu ! quelle différence il y a
« entre les Français et les Espagnols ! Nous le voyons bien
« à cette heure que nous sommes ici en France[2] ».

Entrée en Provence, la reine y fut reçue et complimentée
par le comte de Grignan qui y faisait les fonctions de gouverneur, et par la comtesse de Grignan, qui conservait les
traditions de bon goût de madame de Sevigné, sa mère,
sans pouvoir toutefois en faire revivre l'esprit. Que n'y avait-
il encore là cette incomparable plume, qui nous eût laissé
quelque charmante description de tout ce qui s'y passa !
La comtesse se tira très-bien de cette affaire, et la reine
en donna un détail particulier à sa grand'mère, en lui ra-
contant comment elle lui avait fait un très-beau présent
« de toutes sortes de gants, de jupes piquées, de pièces
« d'étoffe des Indes, et une très-belle tasse de porcelaine
« doublée d'or, avec sa cuillère de même ».

Continuons le récit du voyage sous la dictée de la reine.
Nous entrons dans des particularités fort intimes : elles nous
fournissent le tableau fidèle des usages du temps et des traits
naïfs du caractère de Marie-Louise.

Elle écrivait ainsi à sa mère, de Montpellier, le 29 octobre :
« Monsieur et madame de Grignan m'ont accompagnée jusqu'à
« les (sic)[3] de la Provence ; avant-hier ils passèrent encore
« le Rhône sur un bac avec moi, après quoi ils me dirent

---

[2] Les misères de ce voyage avaient été prévues avant qu'il fût commencé : voici
ce qu'écrivait le comte de Vernon au duc le 11 août 1701 : « Da quanto il com-
« mendatore Operti mi ha scritto con quest'ultimo ordinario, vedo che in Spagna sup-
« pongono che la regina sarà condotta da Nizza sino a Barcellona a spese di S. M.
« cristianissima ; del che discorrendo io per modo di conversazione col signor marchese
« di Torcy, mi ha egli replicato che s'ingannavano, poichè tale viaggio correva per
« conto di S. M. cattolica ; temendo egli bensì che la regina sarebbe forse poco ben
« servita, mentre le cose sono in quella corte nell'antico suo disordine con poca spe-
« ranza di rimedio ecc. » *Archives générales à Turin.*

[3] C'est évident qu'on doit ajouter ici « confins ».

« adieu, et nous trouvâmes là monsieur Broglio[4]; nous fûmes
« coucher ce soir-là à Nîmes chez monsieur l'évêque, autre-
« fois abbé Fléchier; il n'y était pas, car il est à Paris;
« et hier nous dinâmes en chemin au Pont de Lunes et vînmes
« coucher ici, où j'ai vu la comtesse Broglio, qui est fort
« honnête femme, aussi bien que son mari, et vous pouvez
« dire, ma très-chère maman, à son frère l'abbé que je suis
« bien contente d'eux. Nous sommes ici logés chez le pre-
« mier président fort bien, et ma chambre est magnifique,
« et c'est lui qui nous nourrit aujourd'hui. Nous trouvons
« quasi par tout des dîners et des soupers; cela est fort com-
« mode, car il serait difficile que nos officiers pussent se
« trouver à temps tant pour le matin que pour le soir.
« J'ai fait, ma très-chère maman, vos commissions et j'ai
« laissé à l'abbé del Maro à vous faire la relation des jour-
« nées que nous ferons.

« Le roi est toujours plus impatient, et nous avons eu
« deux courriers de Barcelone depuis que je suis partie
« de Marseille, et par le second il fait écrire pour savoir
« si j'ai besoin de linge et si je souhaite qu'il me fasse
« faire des habits à l'espagnole. Ainsi nous lui avons envoyé
« les miens, celui que la marquise de Los Balbases m'ap-
« porta à Turin.

« J'ai vu le compagnon du confesseur du roi, qui s'en
« retourne en France à cause que l'air d'Espagne ne lui
« est pas bon, et il m'a dit que le roi m'a fait faire une
« toilette que c'est la plus belle chose que l'on puisse dire
« en dorure. Il faut que ce soit celle que ma sœur vous
« mandait que l'on faisait pour moi. L'on dit que ma maison
« me viendra au devant aux confins, mais je ne voudrais
« pas pourtant que cela fût cause que mes gens revinssent.
« Toujours, si j'entends en parler, je ferais tout mon

[4] Probablement Victor Maurice de Broglio, qui après fut fait maréchal de France. La famille de Broglio est originaire de la ville de Chieri en Piémont; son vrai nom primitif est Broglia.

« possible pour qu'ils puissent venir jusqu'à Barcelone.
« Il serait bien fâcheux pour eux d'être venus jusque là
« et puis de ne point voir le roi, notre cher roi.

« Je ne sais pas encore justement où il viendra, mais l'on
« croit à peu près que ce sera ou à Bellegarde ou à Gi-
« rone. Ne vous mettez point en peine, ma chère ma-
« man, sur ce que vous ne m'avez pas fait assez de man-
« teaux. J'ai mis les deux que j'ai, et jusqu'à cette heure
« dans le voyage j'ai mis une robe de chambre bleue. J'ai
« fait chercher à ce matin par Neuz s'il y avait ici quelques
« belles étoffes, mais il n'en a pas trouvé; et par toutes
« ces villes que je suis passée, que je croyais bien fournies
« en tout ce que l'on veut, je n'y ai trouvé que très-peu
« de choses. Je ferai pourtant voir encore aujourd'hui s'il y a
« quelque belle panne, car il n'y a pas de velours avec une
« garniture d'argent. Si j'en trouve, ce que je crois un peu
« difficile, je me ferai faire un manteau. Le marquis de la
« Pierre m'a priée de vous demander pardon s'il est venu
« si loin sans avoir son congé, mais son zèle en est cause.
« Quand il fut avec les dames à Tende, ils surent que nous
« étions restés à Antibes; ainsi les dames le dépêchèrent
« pour son ambassadeur extraordinaire et il est venu jusqu'à
« Aix. La princesse des Ursins a trouvé que l'abbé del Maro
« et Sandian sont les gens les plus polis de la compagnie,
« car, pour vous dire la vérité, les Espagnols ne le sont guère.
« Mais madame des Ursins m'assure que les vrais Espagnols
« le seront davantage, mais ceux-ci sont des gros Milanais.
« Il faut que je vous conte, ma très-chère maman, une
« chose pour vous faire rire; c'est que partout les mes-
« sieurs de la ville me font de petits présents, et aux pre-
« miers on a demandé au marquis de Castel-Rodrigo s'il
« voulait que l'on donnât quelque chose aux gens qui les
« apportaient; il répondit que je suis *incognito* et qu'ainsi
« il ne faut rien donner.

« Quand l'abbé del Maro retournera à Turin, je suis sûre

« qu'il vous divertira, car il a de quoi parler assurément. Je
« n'aurais pas été fâchée si madame de Perteng m'eût écrit,
« quoique le paquet fût déjà bien gros, et elle doit être per-
« suadée que je recevrai ses lettres toujours avec plaisir. J'ai
« donné votre lettre, ma très-chère maman, au marquis de Ca-
« stel-Rodrigo, qui lui a fait grand plaisir, principalement du
« petit mot que vous avez bien voulu y mettre de votre main.

   « Je vous rends mille grâces, ma très-chère maman, de
« ce que vous voulez bien profiter de toutes les occasions
« pour m'écrire; pour moi, vous n'en devez pas douter,
« ce m'étant un si grand plaisir. Nous sommes un peu fâ-
« chés de savoir que les galères sont arrivées dimanche à
« Barcelone, car je suis sûre qu'elles n'auront pas fait plaisir
« au roi de les voir sans moi; mais l'on dit que la mer a
« toujours été bien agitée, ainsi j'aurais fort souffert, et il vaut
« mieux que nous allions par terre. J'irai le plus vite que l'on
« pourra, car vous devez bien croire l'envie que j'ai aussi d'y
« arriver tout au plus tôt; l'on n'a pas de moins de séjourner
« un jour ici; il faut bien laisser reposer un peu l'équipage.

   « Je vous assure, ma très-chère maman, que mon unique
« application sera de plaire au roi, connaissant bien que
« de là dépendra tout mon bonheur.

   « Je viens de me faire nettoyer les dents; c'est un homme
« qui est ici fort habile, qui se nomme Catalane. Ce nom-là
« n'est pas inconnu à grand'maman, car il les lui a aussi
« nettoyées; il a fort bien réussi à mon égard.

   « J'avais déjà pensé à faire mes dévotions ici, mais la prin-
« cesse des Ursins a jugé à propos que j'attende; que je
« les ferai à Perpignan, deux ou trois jours avant que je
« voie le roi, comme l'on ne peut pas savoir justement
« le jour que ce sera.

   « Pauvre Giacobin[5] a la grosse fièvre depuis hier au soir,
« et on va le saigner tout à l'heure pour la troisième fois.

---

[5] Très-probablement c'est le nom d'un domestique Piémontais, attaché à la maison
de la reine.

« Il ne pourra pas partir demain avec nous, mais je l'ai
« laissé à monsieur Broglio, qui en aura grand soin, et je
« crois qu'il nous rejoindra bientôt.

« Je vous supplie, ma très-chère maman, d'être persuadée
« que j'ai un respect et une amitié pour vous qui peut se
« dire inconcevable. Je vous embrasse de tout mon cœur ».

À son arrivée à Perpignan la reine fut prévenue qu'elle
devait se séparer de tous les Piémontais qui l'avaient accompagnée jusque là. Ce fut un coup terrible pour la reine
qui, ainsi que nous venons de le voir, se flattait que toute
sa suite serait restée avec elle au moins jusqu'après qu'elle
eût vu le roi. Il paraît que les Espagnols n'aimaient pas
qu'on allât plus loin avec les personnes de la cour de Turin;
on tenait surtout à ce que la reine n'eût plus auprès d'elle
son confesseur et madame de Noyer, son ancienne gouvernante. On croyait que cette mesure, dont on n'avait pas
à l'avance prévenu la reine, partait de madame des Ursins,
qui cherchait surtout à éloigner madame de Noyer.

Quoi qu'il soit de cette résolution, il est certain que
la reine en fut affligée et piquée au dernier point. Elle
laissa un libre essor à toute la vivacité de ses sentiments,
et son entourage en fut frappé à tel point qu'on en fit un
rapport particulier à la cour de France. La reine déclara
hautement qu'on l'avait trompée, qu'on manquait à ce qui
lui avait été promis. À ceux qui lui rappelaient que sa sœur
la duchesse de Bourgogne était d'une humeur plus douce que
la sienne, elle répondit sèchement: « C'est qu'à la cour de
« France on l'a gâtée »; elle accusa les Français de lui avoir
procuré ce désagrement; enfin elle dit que, puisque l'on
congédiait les Piémontais qui étaient venus avec elle, elle
voulait s'en retourner avec eux; qu'on lui donnât une voiture
pour la reconduire à Turin où elle se serait trouvée plus
heureuse [6].

---

[6] *Dépêche* du comte de Vernon au duc, 21 octobre 1701; *Lettre* du comte de Vernon au marquis de Saint-Thomas, 14 novembre de la même année.

Ce mouvement d'une irritation prononcée fut aussi bruyant que de courte durée. Le roi eut cependant quelque peine à l'apaiser, et Victor-Amédée par son ambassadeur chercha à détruire l'impression fâcheuse produite par la conduite de sa fille dans cette circonstance.

Pour se faire une idée complète de la façon dont les choses se passèrent, nous devons ajouter ce que racontent les mémoires du temps à propos de la première entrevue de Marie-Louise avec Philippe V. Nous sommes obligés d'avoir recours à ces mémoires, puisque les correspondances diplomatiques, d'où nous tirons directement les faits, se taisent sur ces détails, ou elles n'y font que des allusions très-fugitives. Il paraît donc que la reine dans sa douleur [7] voulut garder rancune à son époux et se refusa à passer la première nuit avec lui, et que le roi à son tour, pour l'en punir, à la seconde nuit imita son exemple. Le petit démêlé domestique n'alla pas plus loin, et la reine ne tarda pas à racheter par un surcroît d'amabilité et de tendresse cet éclat passager d'une colère enfantine [8]. Ainsi commença un ménage qui ne fut jamais plus troublé par la suite. Pendant toute sa vie Marie-Louise n'eut qu'à se louer de son mari; dans toutes ses lettres elle ne tarit point sur ses éloges, et dans les dernières années de sa trop courte existence, en parlant avec effusion de cœur à sa grand'mère, elle lui disait: » J'ai le bonheur d'avoir un mari qui par-dessus « toutes les qualités qu'il possède a celle qu'il faut pour

---

[7] Saint-Simon dans ses *Mémoires* s'est assez étendu sur ces particularités (voyez tom. VI. pag. 41 à 46). Il rapporte aussi que pour le souper, qui devait être donné à la reine après la cérémonie du mariage, les mets avaient été apprêtés moitié à l'espagnole, moitié à la française. Mais les dames espagnoles qui, sous la direction de madame des Ursins, étaient chargées de servir, ne s'attendaient pas à cette immixtion étrangère. Toute leur susceptibilité nationale se réveilla à cet aspect, et elles n'hésitèrent point à renverser tous les plats français pour n'avoir à présenter que des mets espagnols.

[8] La duchesse de Bourgogne écrivait à sa grand'mère: « Je suis ravie de pouvoir « vous mander que ma sœur se trouve fort heureuse, et que le roi d'Espagne est fort « content d'elle. Ce qu'elle a fait sur ses femmes a été une enfance qui n'a point eu de « suites ». *Lettre* du 27 novembre 1701, publiée par madame la comtesse della Rocca.

« rèndre une femme la plus heureuse du monde; je n'ai
« pas eu sur cela un seul moment d'inquiétude depuis que je
« suis mariée etc. [9] ».

Quant au roi, on peut bien dire qu'il trouva dans sa femme
non-seulement le bonheur domestique, mais encore l'ornement
et la gloire de sa vie, ainsi que vont le prouver les faits
que nous allons mettre sous les yeux du lecteur.

La cour de Versailles était trop attentive à ce qui se
faisait en Espagne; elle tenait trop à y exercer une domination exclusive sur l'esprit du jeune roi, pour ne pas se
préoccuper vivement de ce premier trait saillant du caractère
de la reine, mis si brusquement à découvert.

Louis XIV s'en expliqua directement avec le comte de Vernon; il marqua à cet ambassadeur quelque inquiétude sur
ce qui s'était passé à Perpignan et à Figuières à la première rencontre de la reine avec son époux. L'ambassadeur
répondit au roi que l'affliction éprouvée par la reine à Perpignan, en se séparant des personnes de son ancienne cour,
ne faisait que témoigner de la bonté de son cœur; que,
quant à ce qui était arrivé à Figuières, s'il en ignorait
la cause véritable, il savait pour sûr que ce n'était pas
chose à y faire attention.

Le comte de Vernon, informé de ce que la princesse
des Ursins avait écrit au sujet de la reine, sur laquelle
elle cherchait à gagner une influence exclusive, ajouta encore
au roi qu'on ne pouvait désirer qu'il se fît dans la reine
aucun changement d'inclinations et de goûts, puisque les unes
étaient excellentes et les autres aussi raisonnables qu'on
pouvait le désirer. Le roi sourit aux explications que l'ambassadeur venait de lui donner, et parut s'en contenter.

Quelques-uns parmi les plus grands personnages de la cour,
et notamment Madame, duchesse d'Orléans, s'efforcèrent

___

[9] *Lettre* à madame Royale, du 22 novembre 1712, publiée par madame la comtesse
della Rocca.

de défendre la jeune reine contre les critiques de ceux qui lui reprochaient d'être trop opiniâtre et trop emportée [10].

Malgré tout cela, il resta au fond des cœurs une sorte de défiance de l'ascendant que la reine allait prendre sur le roi. Nous verrons bientôt toutes les craintes que l'on conçut du trop d'esprit qu'elle avait, et ensuite comment on essaya de lui faire prendre une part plus active qu'elle ne le voulait dans la direction des affaires.

Déjà madame de Maintenon, dépassant toute mesure dans son anxiété, venait de dire à madame de Soubise, qui le rapportait à madame de Verrue: « Mon Dieu, je ne sais pas « pourquoi nous avons fait sitôt le mariage de la reine « d'Espagne; nous pouvions bien attendre et ne se pas tant « presser [11] ».

Toutes ces inquiétudes étaient sans le moindre fondement, et, loin de nuire à la France, nous verrons qu'au moment du danger la reine d'Espagne lui rendit les plus grands services en appuyant de toutes ses forces la résolution de son mari de ne pas abandonner son royaume.

Revenons maintenant à la première entrevue de Marie-Louise avec Philippe V. Les mémoires du temps, plus complets et plus explicites que les dépêches des ambassadeurs, nous représentent le jeune roi comme très-empressé de voir son épouse, se portant *incognito* au devant d'elle, et nous parlent d'une sorte de surprise, vraie ou affectée, de la reine [12]. Ce qui est sûr c'est que les deux époux se con-

---

[10] *Dépêches* du comte de Vernon au duc Victor-Amédée, 28 novembre et 18 décembre 1701. Dans cette dernière dépêche (chiffrée) on lit: « Da riscontri che tengo, « che questa (le renvoi des piémontais) sia stata tutta opera della principessa Orsini, « di genio per quanto mi vien detto intrigante, e che ben ha voluto rendersi necessaria « a questa corte, la quale per altro vive in apprensione del molto spirito della suddetta « regina, che stimano manierosa e risoluta, onde temono che venga a rendersi padrona « assoluta dell'animo del re e che possa col tempo avere gran parte nel governo, e in « tal caso ella sia per essere più favorevole al Piemonte che alla Francia » (*Archives générales à Turin*).

[11] Dépêche susdite du comte de Vernon.

[12] Voyez ces détails dans l'*Essai sur la princesse des Ursins* de M. CRAUES,

venaient parfaitement et que la reine ne cessait d'écrire à sa famille qu'elle sentait tout son bonheur.

Philippe V avait à peine cinq ans de plus que son épouse[13]. Doué d'un bon caractère, généreux, véridique, car pour rien au monde il n'aurait dit un mensonge, il portait sur le trône toutes les vertus d'un homme privé, et il les y garda pendant toute sa vie. Même dans sa première jeunesse il se possédait à tel point que, quand on lui apprit soudainement qu'il était devenu roi d'Espagne, tandis qu'il était dans sa chambre en train de jouer à l'hombre, il « bondit « un instant sur sa chaise et, sans dire un seul mot, il se « rassit avec la même gravité qu'auparavant, comme s'il n'eût « rien appris[14] ». Il conserva toute sa vie cette froideur et cette impassibilité. Son intelligence n'était pas du premier ordre, et il se montrait sans peine aussi soumis que fidèle à sa femme, dont il connaissait et ne craignait pas la supériorité. Quant à l'extérieur, il n'était pas très-agréable de sa personne; il avait quelque défaut dans la taille, l'air tout-à-fait autrichien, mais il était doué d'une force extraordinaire[15].

La nouvelle reine ne tarda pas à être captivée par madame des Ursins. Flatteuse, insinuante, mesurée, voulant plaire pour plaire, celle-ci avait des charmes dont il n'était pas possible de se défendre quand elle voulait gagner et séduire[16]. Quoiqu'elle eût plus de soixante ans quand elle commença son service auprès de la reine, madame des Ursins conservait encore de la fraîcheur, de la grâce et des agréments. Elle garda toujours cette vigueur d'esprit et cette aménité de caractère qui la rendaient propre à traiter les

---

qui cite à l'appui de son récit l'*Histoire de l'élévation de Philippe V* (manuscrit) et le *Diario de los viages de Felipe V*. 1701 à 1704, par le marquis de RIVAS; l'un et l'autre ouvrage à la bibliothèque de l'Arsenal à Paris.

[13] Il était né le 19 décembre 1683.

[14] Voyez sur ces détails les *Lettres inédites de la princesse Palatine*, traduites par A. A. ROLLAND (*Lettre CXIII*).

[15] Voyez la *Lettre* citée de la princesse Palatine.

[16] Voyez ce que le duc de SAINT-SIMON en dit dans ses *Mémoires*.

affaires et à remplir le vide que l'étiquette faisait autour
des souverains dans le triste palais du roi d'Espagne.

On se moqua bien un peu d'elle en France, en la voyant
débuter à son âge dans sa nouvelle carrière de *camarera
mayor* [17], mais, loin de tenir compte de ce qu'on aurait pu
dire, elle se mit à l'œuvre hardiment, ne recula devant
aucun obstacle, sut se ménager dans toutes les occasions,
et finit par triompher de tous ses ennemis jusqu'à ce qu'elle
tomba sous la main foudroyante d'Elisabeth Farnèse.

La princesse des Ursins avait été plutôt acceptée que
recherchée par la cour de Turin pour la place de *camarera mayor*. Le marquis de Torcy avait pressenti le comte
de Vernon sur le choix à faire de la dame chargée d'accompagner la princesse de Savoie en Espagne, et la duchesse
de Noailles et le nonce du pape à Paris avaient recommandé
à l'ambassadeur le nom de madame des Ursins pour remplir
cette destination.

La haute naissance de cette dame, son grand usage du
monde, la connaissance qu'elle avait de l'Espagne par le
séjour qu'elle avait fait dans ce pays avec son premier
mari, le prince de Chalais, tout se réunissait pour faire
agréer à Turin le choix de sa personne. Madame Royale
et la duchesse de Savoie avaient aussi connu madame des
Ursins et en avaient parlé dans les meilleurs termes à leur
fille. La jeune reine ne tarda donc pas à devenir l'amie
dévouée de sa *camarera mayor* [18]; elle jouit du charme de
sa conversation, elle profita de ses conseils, mais jamais
elle ne devint un instrument aveugle de ses volontés. C'est
bien plutôt en secondant les vues de la reine que madame
des Ursins gagna son pouvoir.

Quoiqu'il y eût en elle assez d'ambition et de talent

[17] Voyez la *Lettre* de madame de Coulanges à madame de Grignan, que nous avons
déjà citée.

[18] « L'on peut dire que la princesse des Ursins est faite par les mains du ciel, car
« elle a toutes les bonnes qualités que l'on peut avoir ». *Lettre* de la reine à sa mère,
24 janvier 1702.

pour diriger les grandes affaires, madame des Ursins obéissait à de petites vanités; elle était avide de distinctions qui la fissent valoir. Elle aurait voulu que le duc Victor-Amédée s'occupât d'elle, et entretenir avec lui un commerce de lettres suivi et régulier; que le duc lui écrivît de sa main; qu'il ne lui fît pas trop attendre ses réponses. La reine répétait quelquefois tout bas à son père les confidences que lui faisait à ce sujet sa compagne inséparable. Le duc, toujours préoccupé d'affaires d'État, avait aussi peu de loisir que de goût pour ces galanteries épistolaires. Il voulait cependant ne pas trop contrarier sa fille, ni mécontenter madame des Ursins. Après avoir essayé plusieurs fois de leur faire comprendre que ces exigences n'étaient pas toujours de saison, il finit par s'expliquer nettement dans une lettre à sa fille du 20 septembre 1702: « La princesse des Ursins (y dit-il) « a tort de porter sa sensibilité jusqu'à remarquer le temps « des dates de mes lettres; et s'il y a eu du retardement « à la réponse que je lui ai faite, ce n'a été que par un « simple oubli, qui ne diminue en rien l'estime et la consi-« dération que j'ai pour elle. S'il survenait quelque chose « qui fût de quelque importance ou qui pût vous régarder, « je surmonterai les justes raisons que mon style et mon « caractère me donnent à ne pas écrire de ma main; mais « pour de simples compliments et bagatelles je vous prie, « ma chère enfant, de faire en sorte que la princesse des « Ursins connaisse bien que cela ne me doit point priver « du plaisir que je me fais qu'elle soit bien persuadée que « personne ne l'estime et même ne l'aime plus que moi [19] ».

Si les petites distinctions tenaient à cœur à madame des Ursins, elle n'était pas non plus insensible aux marques plus solides de la libéralité des princes. « Elle a été (pour me servir de la phrase de Saint-Simon) bien payée de la « France et enfin de l'Espagne [20] »; et nous ajouterons en-

---

[19] Archives générales à Turin.

[20] *Mémoires* de Saint-Simon, tom. XXXVIII, pag. 111.

core qu'elle eut une pension de Victor-Amédée, et son écuyer et favori d'Aubigny aussi[21].

Pour ne rien oublier de ce qui a rapport à l'entourage intime de Marie-Louise, nous devons encore parler de son confesseur.

Pendant que se faisaient les derniers arrangements pour le mariage, Philippe V chargea le commandeur Operti, ambassadeur de Savoie auprès de sa personne, de faire comprendre à la princesse sa fiancée qu'elle pouvait se dispenser de conduire avec elle son confesseur; qu'il désirait avant tout que celui qu'elle prendrait fût un jésuite[22], et il lui désignait particulièrement un père Ghiberti. L'ambassadeur, en rendant compte de cela au duc, en indiquait un autre, le père Valle, qui aurait été le directeur spirituel de la reine sans avoir à se mêler d'autres affaires qui ne le regarderaient pas.

Le choix d'un jésuite était dicté par la volonté du roi, qui avait probablement reçu, à cet égard aussi, les instructions de son grand-père. La reine n'eut donc, ainsi que le roi, pour directeurs que des jésuites jusqu'à ses derniers moments où elle voulut, comme nous le dirons ensuite, changer de confesseur.

Marie-Louise avait reçu, ainsi que nous l'avons dit, une bonne éducation religieuse qui ne se démentit jamais durant tout le cours de sa vie. Selon l'usage du temps, elle faisait des visites fréquentes aux couvents. Lorsqu'elle était encore à Turin elle voyait souvent une religieuse carmélite, renom-

---

21 Voyez la correspondance du marquis Morozzo, ambassadeur de Victor-Amédée à Madrid en 1713-14 (*Archives générales à Turin*).

22 Le choix d'un confesseur pris parmi les jésuites venait d'être très-remarqué en Espagne. Dans une *Lettre* écrite de Rome le 29 mars 1701 par madame des Ursins à madame de Noailles on lit : « Aussitôt que l'on sut que le roi d'Espagne avait un jé- « suite pour confesseur, tout l'ordre de saint-Dominique, qui est en possession de cet « honneur depuis long-temps, eut recours à moi etc. » (*Lettres inédites de la princesse des Ursins*, publiées par M. A. GEFFROY). Madame des Ursins ne put venir à bout de contenter les Dominicains ni d'empêcher le père Daubenton, et ensuite le père Robinet, jésuites, d'avoir la direction de la conscience du roi.

mée par la sainteté de sa vie, la mère Marie des Anges, que le pape actuel vient de béatifier[23].

Par sa piété sincère la reine se trouva aussi toujours en parfait accord avec le roi, qui joignait à une conduite irréprochable l'exercice des pratiques religieuses, sans pourtant laisser se confondre en lui ce qui était le devoir du chrétien et ce qui était le devoir du roi.

[23] Pie IX en 1864. — Voyez la *Lettre* de la reine à sa grand'mère, 17 octobre 1701, publiée par madame la comtesse della ROCCA.

CHAPITRE IV.

Séjour à Barcelone — Assemblée des *Cortès* de Catalogne — Question du voyage du roi en Italie — Départ de Philippe V pour Naples — La reine nommée régente.

Le nouveau roi s'était rendu à Barcelone non-seulement pour aller à la rencontre de son épouse, mais aussi pour connaître de près la Catalogne, pays où les esprits étaient moins disposés qu'ailleurs à l'obéissance, et pour se préparer au voyage qu'il comptait faire prochainement dans ses provinces d'Italie. Ces deux objets étaient réellement d'une importance majeure; si les Catalans ne restaient pas tranquilles et ne contribuaient pas largement à l'entretien du gouvernement, il y avait à craindre que d'autres parties de l'Espagne ne suivissent leur exemple, puisqu'elles renfermaient aussi des germes de discordes civiles et de rébellion.

Quant aux possessions espagnoles en Italie, on pouvait bien dire qu'elles étaient en Europe la source des richesses de la couronne du roi Catholique, car l'Espagne proprement dite était alors réduite à la condition la plus misérable.

Sur une superficie de 23,867 lieues carrées, l'Espagne à cette époque ne comptait pas plus de 5,700,000 âmes[1]. Ses finances étaient épuisées. Sous le roi Charles II, qui

---

[1] En 1702, d'après le calcul d'Ustaria, rapporté par M. Mignet, *Introduction à l'histoire de la succession d'Espagne, et Tableau des négociations relatives à cette succession sous Louis XIV.* — La population de l'Espagne paraissait s'être élevée à vingt-millions d'âmes sous les Arabes. — En 1864 on la portait à 16,302,625.

venait de mourir, cent soixante mille étrangers s'y étaient
emparés de toutes les affaires. Ils affermaient les seigneuries,
les evêchés, les revenus des emplois; ils recevaient soixante
et dix-sept millions des quatre-vingt-cinq qui venaient an-
nuellement de l'Amérique, et y envoyaient cinquante millions
des cinquante-quatre de denrées et de marchandises qui lui
étaient nécessaires. L'agriculture était anéantie par la main-
morte des terres du clergé, par les majorats, biens de la noblesse, par la dévastation des troupeaux (*la Mesta*), et par
l'indolence nationale[2].

Placé dans cette pénurie en Espagne, sans espoir de ra-
nimer promptement cette nation languissante, le roi trouvait
dans les provinces italiennes dépendantes de sa souveraineté
des ressources encore assez considérables. Le royaume de
Naples, le duché de Milan, se présentaient à lui comme les
plus beaux fleurons de sa couronne, et il devait être d'autant plus empressé à se les attacher qu'il était moins sûr
de les conserver. La guerre était au moment d'éclater, et
les premiers faits d'armes devaient indubitablement avoir
lieu en Italie. Il était donc naturel que Philippe se portât
à Barcelone pour y recevoir sa jeune épouse, y gagner
l'estime, si ce n'est l'amour, de cette fière race catalane,
et enfin y prendre les dispositions nécessaires pour aller en
Italie se mettre à la tête de son armée.

Dans les premiers jours du mois de novembre la reine
fit son entrée dans Barcelone[3]; on y tenait alors l'assemblée des États ou Cortès de Catalogne.

La Catalogne, ainsi que d'autres provinces de l'Espagne,
avait ses assemblées représentatives, appelées *Cortès*, com-

---

2 MIGNET, *Op. cit.*

3 On ne manqua pas de fêter l'arrivée de la reine dans cette ville. — « Depuis que
« nous sommes ici (disait-elle à sa mère dans une *Lettre* du 14 novembre 1701 (*Archives générales à Turin*), l'on nous donne tous les jours quelque divertissement.
« Les trois premiers jours il y eut des feux d'artifice qui nous ont plus ennuyés que
« divertis; avant-hier les écoliers nous donnèrent aussi une fête, et aujourd'hui nous al-
« lons voir un tournoi etc. ».

posées en général des trois ordres, du clergé, de la noblesse et des députés des villes principales[4]. Cette antique institution perdait de son importance dans les temps tranquilles; aux moments critiques elle reprenait quelque vigueur. Les rois qui voulaient acquérir de la popularité afin de se procurer des subsides convoquaient ces assemblées. Comme on n'avait alors aucun respect pour le droit commun, et qu'on ne s'attachait qu'aux priviléges, c'était par le moyen de concessions particulières de cette nature qu'on parvenait à satisfaire médiocrement les exigences des différents ordres de l'État. L'impôt ne se trouvant point assis régulièrement, et les exemptions des charges publiques étant très-étendues, le besoin de secours extraordinaires à titre de don gratuit de la part des populations se faisait sentir fréquemment; et ces dons gratuits ne pouvaient s'obtenir que de l'assemblée des Cortès. Quelquefois aussi c'étaient les premiers ordres de l'État qui sollicitaient la réunion des Cortès dans la vue de procurer des grâces et des faveurs à ceux qui en faisaient partie.

La principauté de Catalogne, pays très-important par sa position, habité par des populations dont la fidélité, ainsi que nous l'avons déjà fait remarquer, paraissait plus que douteuse, devait fixer naturellement l'attention du nouveau roi et de ses ministres. On crut qu'il était convenable d'accéder au désir qui s'y était manifesté d'avoir l'assemblée des États, tandis que pareille demande avait été refusée aux Castillans[5]. Cette concession fut reçue avec tous les témoignages d'une reconnaissance empressée, sans que pour cela les penchants et les intérêts des personnages les plus influents du pays en fussent changés. On parla beaucoup de dévouement, sans se prêter avec facilité aux demandes de la cour. Les Cortès

---

[4] Celles qui avaient le droit spécial de vote, appelées en espagnol *Ciudades de voto en Cortes.*

[5] *Mémoires pour servir à l'histoire d'Espagne sous le règne de Philippe V,* par le marquis de Saint-Philippe. Amsterdam 1756. Tom. 1, pag. 120 et suiv.

ne se piquaient pas de générosité; elles se montraient exigeantes au point de paraître chercher plutôt des sujets de mécontentement que des motifs de reconnaissance.

La convocation de ces Cortès avait deux objets principaux : la concession d'une somme considérable à payer sans délai à titre de joyeux avénement du nouveau souverain, et le vote d'un subside à titre d'affranchissement de la charge des logements militaires et de l'entretien des soldats dans leurs garnisons.

On sait qu'alors l'armée n'était pas formée, comme elle l'est à présent, par la voie de la conscription, qui appelle sans distinction toute la jeunesse sous les drapeaux.

Elle se composait, au temps dont nous parlons, d'une foule de gens racolés qui portaient avec eux le désordre. Toutes les familles craignaient d'être forcées de recevoir à demeure chez elles de pareils hôtes ; et quoique l'impôt à payer par forme de compensation fût lourd, on avait moins de répugnance à s'y soumettre qu'à supporter le logement militaire[6].

L'exemption du logement fut accordée malgré l'opposition du vice-roi qui aurait voulu le maintenir, et les Cortès consentirent à fournir un subside d'un million et cent cinquante milles pièces de 8, payables en sept ans.

Il ne se produisit au reste dans cette assemblée aucun réglement utile au bien public ou relatif à la forme du gouvernement; tout y aboutit à confirmer les anciens priviléges et à en ajouter quelques-uns de nouveaux. Les Catalans en faisaient vanité sans se croire obligés de devoir être par là plus attachés au gouvernement. On créa des comtes et des marquis; on arma des chevaliers en plus grand nombre qu'il n'était convenable de le faire.

Les séances des Cortès se tenaient à Barcelone dans le couvent de saint-François; c'est là que le roi, accompagné de la reine, le 14 janvier 1702, après avoir juré d'observer

---

[6] C'était surtout le logement de la cavalerie qui ruinait les campagnes.

et de conserver les lois et les *fueros*[7] de la principauté, fit la clôture des Cortès de Catalogne, suivie d'un baise-main, suivant la coutume espagnole.

Cette cérémonie frappa l'imagination de la jeune reine, qui deux jours après en écrivit de Barcelone à son père en ces termes : « Le roi vient de faire une chose qui lui est « bien glorieuse, c'est qu'il a fini les États, ce que n'avaient « pas pu faire ses prédécesseurs. Ainsi avant-hier le roi « monta sur le trône pour les fermer, et j'y montais moi « aussi, ce qui n'arrive pas tous les jours aux reines d'Es- « pagne, car l'on m'a dit que les deux dernières n'y ont « jamais été[8] ».

La reine avait raison de se réjouir de cet événement, car on savait par expérience en Espagne qu'il était plus facile d'ouvrir que de fermer une session de Cortès. Et l'humeur indépendante des Catalans donnait lieu à craindre chez eux plus de résistance que partout ailleurs.

Le roi avait été souffrant pendant quelque temps à Barcelone, mais aussitôt qu'il fut rétabli, il songea à exécuter son projet de voyage en Italie.

Quoique le roi de France fît ouvertement profession de ne vouloir s'en rapporter qu'à la volonté et aux convenances de la nation espagnole pour tout ce qui regardait les intérêts de celle-ci[9], il n'en tenait pas moins dans ses mains

---

7 C'est-à-dire les priviléges, les prérogatives, les immunités etc. Les Cortès conclurent leurs délibérations le 11 janvier 1702. Elles s'étaient désistées d'une demande à laquelle on ne pouvait consentir, tendant à enlever au souverain le droit de donner l'exclusion, pour les magistratures de Barcelone, aux sujets dont il pourrait se défier. C'était le point disputé par les mutins avec le plus de chaleur. Trois d'entre eux persistaient dans leur opposition. MONTVIEL rapporte qu'on les menaça de les tuer en sortant, et que la peur les fit revenir à l'unanimité (*Mémoires* de NOAILLES, an. 1702).

8 Archives générales à Turin. — Depuis plus de cent ans on n'avait pu venir à bout de terminer les Cortès de Catalogne. C'est une insigne témérité de l'entreprendre, disaient les Espagnols, puisque le fameux ministre Olivarez y avait échoué sous Philippe IV. (*Mémoires* de NOAILLES, an. 1701).

9 « . . . . il re di Francia che dimostra volere tutte le cose di qui dipendino dalla « libertà e convenienza della nazione ». *Dépêche* de l'ambassadeur OPERTI, de Madrid, 20 janvier 1701 (*Archives générales à Turin*).

7

la direction supérieure de toutes les affaires. Et comme il s'agissait surtout de la guerre, qui allait commencer en Italie et dans laquelle le gros de l'armée était formé de troupes françaises, il en résultait que rien ne devait se faire par son petit-fils sans l'agrément du vieux et puissant monarque.

Philippe V s'adressa par conséquent à Louis XIV, et il reçut en réponse la lettre suivante, pièce importante conçue dans des termes vraiment dignes de celui qui l'écrivait et de l'objet auquel elle se référait :

« Marly, 28 janvier 1702.

« J'ai toujours approuvé le dessein que vous avez de passer
« en Italie et souhaité de le voir exécuté. Mais plus je m'in-
« téresse à votre gloire, plus je dois songer aux difficultés
« qu'il ne vous conviendrait pas, comme à moi, de prévoir.
« Je les ai toutes examinées, et vous les avez vues dans
« le mémoire que Marcin vous a lu. J'apprends avec plaisir
« que cela ne vous détourne point d'un projet aussi digne
« de votre sang que celui d'aller vous-même défendre vos
« États en Italie. Il y a des occasions où l'on doit décider
« soi-même ; puisque les inconvénients qu'on vous a repré-
« sentés ne vous ébranlent pas, je loue votre fermeté et je
« confirme votre décision. Vos sujets vous aimeront davan-
« tage et vous seront encore plus fidèles lorsqu'ils verront
« que vous répondez à leur attente et que, bien loin d'imiter
« la mollesse des vos prédécesseurs, vous exposez votre per-
« sonne pour défendre les États les plus considérables de
« votre monarchie. Ma tendresse augmentant pour vous à
« proportion que je vois qu'elle vous est due, je n'oublierai
« rien pour vos avantages.

« Vous savez les efforts que je fais pour chasser vos
« ennemis d'Italie : si les troupes que j'y destine encore
« étaient arrivées, je vous conseillerais d'aller à Milan et de
« vous mettre à la tête de mon armée ; mais, comme il faut
« auparavant qu'elle soit supérieure à celle de l'empereur, je
« crois que votre Majesté doit passer premièrement dans le

« royaume de Naples, où sa présence est encore plus néces-
« saire qu'à Milan. Vous y attendrez le commencement
« de la campagne, vous y calmerez l'agitation des peuples
« de ce royaume. Ils souhaitent ardemment de voir leur
« souverain. Ils ne sont excités à la révolte que par l'espé-
« rance d'avoir un roi particulier. Traitez bien la noblesse,
« faites espérer du soulagement aux peuples lorsque les af-
« faires le permettront. Écoutez les plaintes, rendez justice,
« et vous communiquez avec bonté sans perdre de votre
« dignité. Distinguez ceux dont le zèle a paru dans les der-
« niers mouvements. Vous connaîtrez bientôt l'utilité de votre
« voyage et le bon effet que votre présence aura produit.
« Je fais armer quatre vaisseaux à Toulon, qui iront à Bar-
« celone et vous porteront à Naples avec la reine. Je vois
« que votre amitié pour elle ne vous permet pas de vous
« en séparer. Marcin vous informera et des troupes que
« j'envoie à Naples et des autres détails dont je l'instruis au
« sujet de votre passage. Dieu qui vous a protégé si visible-
« ment bénira la justice de votre cause ; et j'espère qu'après
« vous avoir appelé au trône il vous donnera les assistances
« pour défendre les États dont il a remis le gouvernement
« entre vos mains. Je le prierai de rendre heureux les des-
« seins que vous formez pour sa gloire. Il ne me reste qu'à
« vous assurer de ma tendre amitié et du plaisir que j'ai
« de voir que tous les jours vous vous en rendez plus
« digne.

« LOUIS [10]. »

Il était donc décidé que Philippe V irait de sa personne
défendre les États justement reconnus pour les plus considérables de sa monarchie, et qu'il emmènerait avec lui sa
jeune épouse dont il lui aurait été trop pénible de se séparer. Marie-Louise était au comble de la joie, pensant qu'elle

---

[10] *Annexe* à la *Dépêche* de l'ambassadeur OPERTI, 4 fevrier 1702 (*Archives générales à Turin*). — Le texte que nous donnons ici est plus correct et bien plus complet que celui inséré dans les *Mémoires* de NOAILLES, an. 1702.

allait bientôt embrasser ses parents. « Quelle consolation (di-
« sait-elle) n'aurai-je pas, ma chère grand'maman, de vous
« revoir ! vous ne sauriez assez croire combien je suis aise,
« quoique la mer ne me plaise pas ; mais le plaisir d'être
« avec le roi et celui d'aller en Italie fait que je ne pense
« pas seulement à cela[11] ».

Mais ces joies précoces de la reine, ces douces illusions
qu'on avait tant caressées ne tardèrent pas à se dissiper.
On s'émut à Madrid du projet du roi de quitter le territoire
espagnol ; on craignit encore davantage l'effet de la résolution de conduire la reine en Italie. On se crut delaissés
des nouveaux souverains, et le trouble du peuple se joignit
à la frayeur des grands. Le cardinal Porto-Carrero se montrait à la tête des opposants. Ce prélat était à la fois archevêque de Tolède et chef du ministère de Philippe V ; deux
fois déjà il avait gouverné le royaume avec pleine autorité.
C'est lui qui avait conseillé Charles II à refaire son testament
et à nommer le duc d'Anjou pour son successeur ; c'est à
lui que s'adressait Louis XIV pour diriger les premiers pas
de son tout jeune petit-fils dans le chemin difficile qui
s'ouvrait devant lui ; c'est lui enfin qui avait déconseillé le
mariage du roi avec une archiduchesse.

Usant amplement d'un pouvoir qu'il voulait garder pour lui
seul, le cardinal disposait, en sa qualité de premier prélat d'E-
spagne, de l'influence du clergé, alors toute-puissante en ce
pays-là, tandis que son autorité de principal ministre lui servait à contenir les grands, sujets souvent à des caprices turbu-
lents. Ce n'était point un homme de génie, ni même un vaste
esprit[12], mais il connaissait tous les moyens d'arriver à ses
fins parmi les Espagnols dont il partageait tous les préjugés.

11 *Lettre* de la reine à madame Royale, du 4 février 1702, publiée par madame la
comtesse della Rocca.

12 L'ambassadeur Operti expliquait la supériorité acquise par le cardinal en disant
dans une de ses Dépêches : « Se ben vi sieno altri soggetti di più capacità negli affari,
« ad ogni modo sono poi compensati da tanti altri difetti di disapplicazione, di passioni,
« che non se ne può concepir speranza ».

Plutôt qu'espagnol on pouvait l'appeler castillan, car il ne voyait que la Castille en.Espagne. Il avait fait choisir un roi avec l'espoir de le gouverner[13]. Le départ de Philippe V pour l'Italie se présentait donc à lui et à tous les seigneurs de la cour comme une espèce d'abandon. Que serait-ce, si le roi, emmenant avec lui sa jeune épouse, finissait par préférer le séjour de ces provinces éloignées, bien plus agréables sous tous les rapports, à son ancienne résidence? Quel coup funeste et peut-être irréparable n'aurait-il pas été porté à cette vieille machine d'intrigues et de profits qui constituait le gouvernement de Madrid!

Malgré le désir prononcé du roi, malgré l'approbation donnée par Louis XIV, on chercha tous les moyens d'empêcher au moins le départ de la reine, puisqu'il était impossible de s'opposer à celui du roi.

Il y eut sur cela plusieurs pourparlers à Madrid entre le cardinal et l'ambassadeur de Savoie qui tâchait de vaincre ces résistances. Enfin celui-ci prit le parti d'en rendre un compte détaillé à la princesse des Ursins, qui lui fit la réponse suivante:

« À Barcelone, le 1er mars 1702.

« J'ai été fort aise, monsieur, de trouver dans la lettre
« que vous m'avez fait l'honneur de m'écrire tout ce que
« vous.me dites de la part de monsieur le cardinal Porto-
« Carrero. Pouvant vous faire réponse en français, je vous
« expliquerai mes sentimens avec plus de liberté, et vous
« m'aiderez vous-même à leur attirer l'approbation que je
« crois qu'ils méritent, puisque vous n'êtes pas moins in-
« formé que moi des raisons sur lesquelles ils sont fondés.
« Il n'est plus question, monsieur, de parler du voyage

[13] On aurait tort de juger le cardinal Porto-Carrero d'après le portrait qu'en a fait l'historien anglais MACAULAY, *Histoire d'Angleterre,* Vol. IX. chap. 24, (édition de Tauchnitz). La prévention de cet auteur contre le clergé catholique a été portée à l'excès dans cette description. L'impartialité est la première loi de l'histoire, et le brillant du coloris ne fera jamais disparaître les défectuosités du dessin.

« du roi; on l'a rendu trop public pour que sa Majesté
« puisse avec réputation se dispenser de le faire. D'un autre
« côté ce serait risquer à perdre les États d'Italie, et surtout
« le royaume de Naples, que de ne pas employer tous les
« moyens qu'on peut avoir pour dissiper les cabales que
« les Allemands y ont formé. Plus l'Espagne est épuisée,
« plus elle doit craindre que la guerre continue en Italie.
« Sa durée peut être également préjudiciable à la France et
« à l'Espagne. Au contraire si elle finit dans cette campagne
« et que nos ennemis communs soient forcés de retourner
« chez eux, la monarchie d'Espagne jouira au milieu de
« la guerre de la tranquillité qui lui est si nécessaire, et
« la France, n'ayant que ses frontières et les Pays-bas à
« défendre, pourra partout opposer des forces formidables
« à ses envieux.

« Il est inutile de représenter l'effet que produira la pré-
« sence du roi à Naples et dans le Milanais: les gens les
« plus opposés à ce voyage ne disconviendront pas que ce ne
« soit là l'unique moyen de regagner l'affection des peuples,
« et ils doivent avouer aussi que ces vastes et riches pays
« seraient capables de se défendre eux-mêmes avec quelques
« faibles secours, si les peuples contents de leur sort ne se
« repaissaient plus de l'espérance qu'on leur donne d'avoir
« un prince particulier.

« Il ne s'agit donc que d'examiner où est le danger le
« plus pressant; l'Espagne renferme peut-être aussi des mé-
« contents, et elle craint les flottes d'Angleterre et de Hol-
« lande.

« Je n'avouerai jamais, monsieur, qu'un mal éloigné et
« incertain soit comparable à celui où l'on se trouve déjà.
« Le premier demande seulement des précautions, l'autre
« veut un remède prompt et plus effectif. Je ne saurai ainsi
« comparer la fidélité si constante des Espagnols avec la
« légéreté des peuples napolitains, ni les descentes que pour-
« raient tenter les flottes des ennemis avec la puissante

« armée que l'empereur tient en Italie. Une lettre ne peut
« renfermer tout ce que j'aurais à dire sur les difficultés
« que doivent avoir des descentes entreprises par des nations
« d'une religion différente dans un pays habité par des peuples
« courageux et sensibles à la gloire de leur patrie, d'autant
« plus qu'il faudrait parler en même temps des facilités que
« l'empereur trouverait en Italie à exécuter ses desseins,
« si ses armes étaient supérieures. Tout cela serait trop long,
« et vous pouvez, monsieur, en discourir avec plus d'auto-
« rité que moi.

« Pour ce qui regarde la représentation du roi, je pour-
« rais dire que toutes les troupes françaises sont les siennes;
« mais sa Majesté en a appris à répondre encore plus juste
« en disant que Charles-Quint et Henri IV n'ont pas laissé
« que de faire de très-grandes choses avec peu de suite et
« de médiocres équipages.

« Je passe à l'envie qu'ont les Espagnols que la reine
« au moins reste en Espagne. Il faut avouer qu'en cela ils
« témoignent un zèle qui me fait plaisir et qui me confirme
« agréablement dans la haute estime que j'ai pour la nation;
« mais je trouve que l'amour pour les princes les trompe
« en cette rencontre, en leur cachant leur véritable intérêt.
« Pourquoi donner au roi, qui aime passionnément la reine,
« le déplaisir d'en être si éloigné? et pourquoi vouloir que
« la reine, qui sera au désespoir de voir partir le roi pour une
« entreprise pleine de risques, n'ait pas au moins la con-
« solation d'être à portée d'avoir à tous moments de ses
« nouvelles? Se figure-t-on, monsieur, que sa Majesté soit
« inutile dans une occasion où il s'agit de gagner le cœur
« des peuples? Qu'on le demande à tous ceux qui ont eu
« l'honneur de l'approcher, et qu'on ajoute foi à tout ce que
« vous en pouvez dire. La fidélité des Espagnols est trop
« connue pour que je puisse appréhender qu'ils s'écartent
« de leur devoir pendant l'absence du roi; mais en sup-
« posant une chose qui n'est autorisée d'aucun exemple,

« je vous demande, monsieur, que ferait la reine, aussi jeune
« qu'elle est, dans un pareil malheur ? Elle embarrasserait
« bien plutôt, ce me semble, qu'elle ne pourrait être utile,
« car les troupes qui serviraient pour sa garde pourraient
« être employées beaucoup plus utilement à défendre l'entrée
« du royaume aux étrangers. Je ne sais d'ailleurs si on a
« fait assez de réflexion au personnage que la reine devrait
« faire si elle restait seule à Madrid.

« Voilà, monsieur, comme je pense. Une autre qui ne serait
« pas entièrement sacrifiée au service de leurs Majestés
« songerait à s'épargner les fatigues d'un aussi pénible voya-
« ge ; pour moi, tant que j'aurai l'honneur de les servir,
« je n'aurais jamais d'autre vue que celle de leur gloire
« et de leur bonheur. Il est fâcheux que la conjoncture
« des temps exige que leurs Majestés s'exposent aux risques
« qu'elles offrent de courir pour la conservation de leur mo-
« narchie. En cela je pense comme les Espagnols ; mais je
« suis ravie de voir que rien n'est capable de les retenir
« dans une si noble entreprise, et en cela tous leurs sujets
« doivent penser comme moi.

« Quoique mes sentiments soient tels, je n'ai pas laissé
« que de faire l'usage que je devais de la lettre que vous
« m'avez fait l'honneur de m'écrire, étant très-éloignée
« de croire qu'ils soient à compter pour quelque chose
« dans une matière si fort au-dessus de ma portée. Si les
« remontrances de monsieur le cardinal n'ont pas produit
« tout l'effet qu'il souhaiterait, elles ont au moins fait con-
« naître à leurs Majestés (qui attendent les conseils du roi
« leur grand-père) que le zèle et l'amour de son Éminence
« l'emportent sur toutes autres considérations. Elles sont
« bien persuadées aussi qu'il employera tout son crédit pour
« empêcher que les peuples séduits par quelques mal inten-
« tionnés ne s'échappent à désapprouver des intentions qui
« n'ont d'autre but que la conservation de la monarchie
« dans son entier, et d'acquérir à la nation espagnole la

« gloire qu'elle a perdue par la faiblesse de santé des rois
« prédécesseurs [14] ».

Cet éloquent plaidoyer, par lequel madame des Ursins
inaugurait sa carrière politique, ne réussit pourtant pas à lui
obtenir complétement gain de cause auprès de l'opiniâtre
cardinal. L'opposition continua, au risque même de déplaire
à la France : « Je suis dans une étrange frayeur (disait la
reine à sa mère dans une lettre du 26 février 1702), car
« je ne sais comment on recevra en France toutes les repré-
« sentations que le cardinal Porto-Carrero et les Espagnols
« ont fait sur notre voyage ; ils en sont au désespoir, et
« disent que, si le roi veut aller absolument, qu'il me laisse
« au moins pour gage, car ce qu'ils craignent c'est que nous
« nous trouvions bien dans quelque lieu d'Italie et que le roi
« y veuille demeurer ; et si je reste à Madrid, ils sont bien
« persuadés que le roi reviendrait tout au plus tôt pour moi.
« Je veux espérer que cela ne fera aucun effet. Une chose
« qui est fort plaisante c'est qu'ils en firent tout autant à
« Charles-Quint, qui ne laissa pas que d'y aller et fut victo-
« rieux comme vous savez [15] ».

C'est beau de voir cette enfant viser si haut en rappelant
Charles-Quint ; et s'il y avait eu dans Philippe V quelques-
unes des qualités d'un grand homme, sa femme aurait sans
doute su les compléter et les faire valoir admirablement.

Le carnaval de 1702 se passa assez gaîment à Barcelone ;
loin de la morgue et de la monotonie de la cour de Madrid,
le roi et la reine s'entretenaient avec plus de familiarité
avec les seigneurs et les dames de cette ville ; on jouait
et on dansait. Le dernier jour de carnaval la reine alla

---

[14] Cette *Lettre* était annexée à la *Dépéche* de l'ambassadeur OPERTI du 15 mars 1702 ;
elle ne se trouve pas dans le recueil des *Lettres inédites de la princesse des Ursins*
publié par M. A. GEFFROY. Paris 1859.

[15] Archives générales à Turin. — Loin d'être contrarié par cette opposition des
Espagnols, Louis XIV se montra très-disposé à ce que la reine restât en Espagne. Celle-ci
exprima sa soumission entière à cette volonté du roi dans une lettre insérée dans les
Mémoires de NOAILLES, an. 1702.

au cours; il y avait beaucoup de monde et grand nombre de masques; le soir il y eut un bal qui fut le plus brillant de toute la saison; la reine s'y amusa et ne lui trouva qu'un seul défaut, celui de ne pas être assez long [16].

Enfin le jour du départ du roi arriva (le 7 avril 1702); l'escadre, sous les ordres du comte d'Estrées, leva l'ancre à onze heures du matin. La douleur de la reine à se séparer de son époux fut vive et profonde, mais sans faiblesse. Elle comprit tous les grands devoirs qu'elle avait à remplir pour l'amour de lui, et à treize ans et demi elle fut revêtue de la dignité de régente et chargée de tenir en cette qualité les Cortès d'Aragon.

Marie-Louise se trouvait seule au milieu de gens qu'elle connaissait à peine, sans autre guide que son esprit et quelques conseils de madame des Ursins. Elle avait à faire à une nation altière et attentive à la conduite de ses nouveaux souverains; en se montrant exclusivement espagnole, elle ne tarda pas à être entourée de l'estime et de l'affection de ses nouveaux sujets [17]. Ajoutons que Louis XIV lui sut gré de l'abnégation qu'elle avait montrée en se séparant du roi, et lui donna les justes louanges qu'elle méritait. « Je suis « persuadé (lui disait-il) qu'il suffit pour bien régler votre « conduite que vous suiviez votre inclination naturelle: elle « vous porte à remplir tous vos devoirs [18] ».

---

[16] Voyez la *Lettre* à sa grand'mère, du 4 mars 1702, publiée par madame la comtesse della Rocca.

[17] Victor-Amédée n'avait pas manqué de dicter à sa fille les règles de conduite qu'elle avait à suivre. Elle lui disait dans sa lettre du 16 janvier 1702: « le commandeur Operti « m'a dit ce que vous lui avez mandé pour me dire. Je vous promets, mon très-cher « papa, que je ne fais ni ne ferai pas voir la tendresse que j'ai pour mes chers frères « que quand je verrai qu'en ce que mon amitié demande que tout le monde ne puisse « qu'applaudir à ce que j'aurai fait. Vous ne devez point, mon très-cher papa, craindre « sur cela, car soyez persuadé que je ne ferai que le juste et le raisonnable, quoique la « tendresse que j'ai pour mon pays me fît aller plus loin; mais en cette occasion je « me surmonterai ».

[18] *Mémoires* de Noailles, an. 1702.

CHAPITRE V.

Le roi se rend en Italie — Sa rencontre avec le duc Victor-Amédée — Son retour en Espagne.

Philippe V arriva à Naples le 16 avril 1702. Il y fut reçu avec les acclamations qui ne font jamais défaut dans de pareilles circonstances, et avec la pompe habituelle des grands seigneurs de cette cité populeuse. Ceux qui aiment les descriptions détaillées de ce genre de spectacles en trouveront abondamment dans les relations officielles.

Nous ferons remarquer au lieu de cela que peu de mois auparavant[1] il s'était passé à Naples une scène toute différente. Une conspiration avait été ourdie à Rome par le cardinal Grimani contre le gouvernement espagnol de Naples; une partie de la population napolitaine s'y était associée; le parti de l'empereur avait grossi malgré toutes les précautions prises par la police ombrageuse du vice-roi, duc de Medina-Cœli, et les fréquents emprisonnements des suspects[2] ordonnés par lui.

Enfin le tumulte éclata; le nom de l'empereur y fut mêlé. Au bout de trois jours la tranquillité s'y rétablit à l'aide de la noblesse, qui s'était prononcée pour l'Espagne, et au prix de beaucoup de sang répandu.

On a prétendu qu'un complot avait été formé aussi à Naples pour attenter à la vie de Philippe V; mais il ne paraît pas qu'il y ait des preuves suffisantes pour l'affirmer.

Outre les hommages de la noblesse et les acclamations

---

[1] En septembre 1701.

[2] On appelait ces suspects *inconfidenti*.

du peuple, le roi reçut dans cette capitale les compliments et les félicitations du pape et du grand-duc de Toscane. Le cardinal Barberini y alla en qualité de légat *a latere* de Clément XI, et le cardinal de Medici au nom de son frère Côme III.

La position du pape était devenue difficile à cause de l'arrivée du roi. On sait que l'avis du souverain pontife avait été d'un grand poids pour amener le roi Charles II à refaire son testament afin d'appeler au trône d'Espagne le duc d'Anjou. Clément XI ne pouvait donc pas manquer aux égards dus au nouveau souverain qui venait visiter un de ses royaumes dans le voisinage des États de l'Église.

Mais l'empereur était aussi pour lui un allié puissant, et la présence des troupes allemandes en Italie sous les ordres d'un chef tel que le prince Eugène commandait le respect, quand même on aurait eu des velléités de se montrer indépendant. Aussi, quand le cardinal Grimani en sa qualité de protecteur des intérêts de l'empire fit entendre des plaintes comme si le saint-siége avait voulu reconnaître Philippe en qualité de roi de Naples, on chercha à eluder la question. Il ne faut pas croire (lui répondait le cardinal Paulucci, secrétaire d'État)[3] que l'envoi d'un légat *a latere* pour

---

[3] Voici le texte de la *Lettre* du cardinal Paulucci au cardinal Grimani :

    « Emin.mo e Rev.mo Sig. mio osserv.mo,

    « Nostro Signore, a cui ho letto il biglietto di Vostra Eminenza, mi ha comandato Le « dica essere verissimo ch'egli ha determinato di dichiarare nel Concistoro di domattina « un Legato per mandarlo a complimentare la Maestà del re cattolico per la sua venuta « in Italia, e che tale risoluzione è fondata su quel che hanno praticato i suoi antecessori. Nè da questi nè da altri somiglianti atti deve farsi l'illazione della quale l'Eminenza Vostra dubita ; cioè che sia stata conceduta l'investitura o che portino « concessione della medesima ; mentre, siccome a tutti è noto non essere questa sinora « conceduta da Sua Santità, così tutti devono credere la concederà a chi è dovuta, non « clandestinamente nè con atti equivoci, ma pubblicamente e nelle forme usate da'suoi « antecessori. Confida pertanto la Santità Sua che la Eminenza Vostra avrà la discretezza di non disapprovare la sua determinazione, ed io Le bacio umilmente le mani.

    « di V. E.

    « *Dalle Stanze, 7 maggio* 1702.

           « *Umiliss. e Devotiss. Servitor vero*
             « CARDINAL PAULUCCI ».

complimenter le roi implique une semblable reconnaissance. Cela ne doit se prendre que comme une simple formalité d'étiquette sans y attacher aucun caractère politique. Le saint-siége n'a encore pris aucune décision touchant l'investiture qu'il lui appartient de donner. Quand on jugera devoir l'accorder à qui de droit, cela aura lieu sans équivoque, publiquement, et dans les formes solennelles adoptées par les prédécesseurs de sa Sainteté.

Cette explication ne satisfit pas complétement les réprésentants de l'empereur; son ambassadeur quitta Rome. Les ministres du pape cherchèrent avec leur habileté ordinaire à se tenir en équilibre entre les deux parties; et les mémoires du temps nous apprennent qu'un des expédients diplomatiques dont on se servit ce fut de mettre dans le bref adressé à Philippe le titre de roi des Espagnols au lieu de celui de roi des Espagnes.

Après avoir passé un mois et demi à Naples, le roi voulut partir pour se rendre à l'armée qu'il avait en Lombardie. On ne saurait croire que pendant sa courte demeure dans cette capitale Philippe V ait pu mettre en pratique ce que la sagesse de son aïeul lui avait conseillé. Son excursion ne fut que de simple apparat; elle ne laissa ni souvenirs ni regrets.

Dans sa route vers la rivière occidentale de Gênes, où elle devait mouiller, l'escadre toucha à Livourne. Le roi y reçut à bord de son bâtiment la visite du grand-duc de Toscane accompagné de sa famille. Si nous en croyons quelques historiens, entre autres Botta, le roi ne serait pas descendu à terre pour ne point donner au grand-duc le traitement des têtes couronnées qu'il prétendait; mais il lui aurait promis formellement de ne pas faire davantage pour le duc de Savoie son beau-père [4].

On sait que la cour de Rome regardait le royaume de Naples comme un fief mouvant du saint-siége, et qu'à l'avénement de chaque nouveau souverain elle en accordait l'investiture.

[4] Voyez BOTTA, *Storia d'Italia*, Lib. 34. Suivant cet auteur, ce fut le marquis de

Avant que de raconter ce qui se passa lors de la rencontre de Philippe avec Victor-Amédée, il nous faut revenir à la reine.

Dès que le voyage du roi fut décidé, elle se préoccupa vivement de ce qui se serait passé entre son époux et ses parents. Elle craignait l'effet que la taciturnité et la roideur du roi auraient produit sur sa famille, aussi intéressée à étudier le caractère du mari de leur fille qu'attentive aux procédés du roi pour le duc.

Dans son anxiété naturelle Marie-Louise n'avait pas tardé à prémunir son père contre la mauvaise impression que pouvait faire sur lui le maintien froid et dédaigneux de Philippe. Deux jours après le départ de celui-ci elle écrivait au duc qu'elle espérait que le roi serait bientôt de retour, après avoir chassé ses ennemis de l'Italie; elle ajoutait ensuite : « Je ne doute pas que vous serez avec lui à l'armée. Ainsi, « mon très-cher papa, permettez-moi de vous dire que natu- « rellement il est sérieux avec les gens qu'il ne connaît pas, « et comme vous êtes de ce nombre, il faudrait que vous lui « parlassiez et commenciez d'abord à être un peu familier avec « lui, et dans ce temps-là vous verrez toutes ses bonnes qua- « lités, et je suis sûre que vous serez fort content d'avoir « un beau-fils comme lui, et vous me trouverez bien heureuse « d'avoir ce prince pour mari ».

Ces précautions que la fille croyait devoir prendre à l'égard de ses parents ne pouvaient qu'être fort appréciées de toute la famille, très-disposée à faire un bon accueil à ce gendre.

Le duc de son côté n'avait point négligé de pressentir la cour de France sur la question du cérémonial à suivre quand il se serait trouvé avec le roi d'Espagne. On sait avec

Louville, chef de la maison française de Philippe V, qui porta au grand-duc la parole du roi. L'historien GALLUZZI dans son *Istoria del Granducato di Toscana* (Lib. 8) ne dit rien à ce sujet. Nous n'avons rapporté ces détails que parce qu'ils se rattachent à la question bien plus grave de cérémonial soulevée à l'occasion de l'entrevue du roi avec le duc de Savoie.

quelle persistance les ducs de Savoie avaient cherché d'obtenir le traitement des têtes couronnées chez les principales cours de l'Europe, et la circonstance pouvait paraître décisive pour faire reconnaître ce droit.

Avant que le roi passât en Piémont, le comte de Vernon avait demandé à Louis XIV et au marquis de Torcy si à l'occasion de l'entrevue de Philippe avec Victor-Amédée on se serait tenu au cérémonial observé en Espagne lors du mariage de Charles-Emmanuel I, duc de Savoie, avec l'infante Catherine, fille du roi Philippe II; le fils de Charles-Quint n'avait point hésité alors à céder la main à son futur beau-fils. On raconte que, le roi ayant remarqué que le cheval du duc placé à sa droite paraissait inquiet et animé, le duc lui avait reparti: « C'est qu'il sent de n'être pas à sa « place ».

Louis XIV et son ministre ne voulurent pas s'expliquer, et l'ambassadeur se borna à déclarer que pour le moment son souverain n'aurait pas soulevé de questions d'étiquette. Le roi de France ne pouvait cependant avoir oublié que lorsque dans sa jeunesse il avait reçu à Lyon Charles-Emmanuel II, duc de Savoie, son cousin germain, l'accueil qu'il lui avait fait avait été aussi amical que poli.

Quoi qu'il en soit, l'entrevue de Philippe avec Victor-Amédée fut loin de répondre à ce que l'on espérait, et eut des suites plus graves que d'abord on n'aurait pu croire.

Le duc alla à la rencontre du roi: écoutons-le dans le récit qu'il fait lui-même à la reine sa fille[5]: « Nous par-« tîmes d'ici, ma chère fille, avec beaucoup de précipitation, « ma mère, madame la duchesse et moi. Je ne m'arrêtais plus « jusqu'à ce que j'eus le bien d'embrasser le roi, comme je « fis entre Montbaldon et le Cairo. Quoique je fusse prévenu

[5] *Lettre* du 20 juin 1702 (*Archives générales à Turin*), déjà publiée par nous dans le *Mémoire* inséré dans le Recueil de l'Académie impériale des sciences de Chambéry.

« par ce que vous m'avez écrit, je ne laissai pas d'en être
« un peu frappé à la première entrevue. Mais par la suite
« je fus charmé de la manière obligeante dont il me parlait
« et de la tendresse qu'il m'a toujours témoigné avoir pour
« vous. Je vois, ma chère fille, avec un sensible plaisir,
« combien votre bonheur est grand par tout ce que le roi
« et ceux qui ont l'honneur d'être à sa suite m'ont dit de
« votre conduite. Vous avez d'autant plus de besoin d'une
« grande prudence, au-dessus même de votre âge, pour
« vous conserver ce bonheur et mériter de plus en plus
« la tendre amitié que le roi a pour vous et l'opinion qu'on
« a conçue de vous. J'ai tâché, ma chère fille, de lui faire
« connaître ma reconnaissance et de me procurer ses bontés
« par tous les endroits qu'il m'a été possible ; le regret qui
« m'est resté c'est de l'avoir quitté si tôt, n'ayant pu de-
« meurer que deux fois vingt-quatre heures auprès de lui ;
« votre mère et votre grand'mère n'y ont été qu'une soirée
« et un moment le lendemain ».

On voit que dans cette lettre le prince s'effaçait pour
ne laisser paraître que le père ; on ne voulait pas que la fille
s'aperçût trop du désagrement qu'on venait d'éprouver ;
il fallait au contraire qu'elle eût le plaisir de savoir une
fois de plus combien elle était appréciée de tous ceux qui
l'avaient vue en Espagne.

Marie-Louise avait aussi reçu de sa grand'mère une ample
relation de tout ce qui s'était passé à l'occasion de son
entrevue avec le roi ; et cette communication avait été certainement arrangée de façon à tranquilliser l'esprit de la
reine plutôt qu'à lui découvrir toute la vérité [6].

Nous ne fatiguerons pas le lecteur par le détail minu-
tieux de cette entrevue ; nous passerons sur l'ordre dans
lequel étaient placés les fauteuils et sur le nombre de pas
en avant et en arrière faits par les augustes visiteurs ; il nous

---

[6] Voyez les deux *Lettres* écrites par la reine à Madame Royale, le 5 et le 15 juillet
1702, parmi celles publiées par madame la comtesse della Rocca.

suffira d'exposer les circonstances plus marquantes de ces petits faits qui ont eu de si grandes conséquences [7].

Nous allons traduire une partie de ce qui est consigné dans les registres du maître des cérémonies; il faudra regarder plutôt au fond qu'à la forme. « Le duc alla à la « rencontre du roi; il le trouva à deux lieues de Bestagno. « Le voyant approcher, le duc mit pied à terre, le roi en fit « autant de son côté; on s'embrassa, et on se dit les choses « les plus agréables. Le roi traita le duc d'*Altesse*, et lui « dit qu'il regrettait que la chaise de poste où il était fût « trop étroite et ne pût tenir tous les deux. Les deux princes « se rendirent à la ville d'Acqui; ils s'entretinrent long- « temps ensemble. Le roi invita le duc à souper; mais le « duc répondit que l'heure était avancée et que, comme « le souper ne pouvait être servi que dans deux heures, « il devait prendre congé de lui. Le duc se retira dans le « logement qu'on lui avait préparé à l'hôtel du comte Ro- « berti, et il y soupa avec les seigneurs de sa suite ».

Étant venus d'Acqui à Alexandrie, les deux princes y trouvèrent la duchesse et Madame Royale. Le roi les traita tous de *Vous, Monsieur* et *Madame*. Le comte de Marsin, qui accompagnait le roi, s'apercevant du mauvais effet produit par ces formes de langage, en avertit le roi qui donna aussitôt au duc et aux princesses le titre d'*Altesse* et s'excusa de ce que par inadvertance il ne l'avait pas fait plus tôt [8].

La cour de Turin ne manqua pas de faire comprendre au roi de France tout ce qu'il y avait d'irrégulier et d'inconvenant dans la manière de se conduire de son petit-fils. On marchandait de la part du roi les bienséances tandis qu'il aurait fallu mettre de côté l'étiquette et chercher à s'attacher un homme tel que Victor-Amédée.

---

[7] « Il était vraisemblable que (le duc de Savoie), étant si peu ménagé par la France, « il s'en détacherait à la première occasion ». VOLTAIRE, *Siècle de Louis XIV*, chap. 8.

[8] Correspondance du comte de VERNON. Voyez aussi *Relazione del viaggio delle LL. AA. RR. per riverire il Re cattolico*, pièce transmise à l'ambassadeur de Savoie à Paris avec une dépêche du duc du 23 juin 1702 (*Archives générales à Turin*).

Le duc avait senti vivement ce qui venait d'arriver dans cette triste conjoncture. Il avait instruit de tout son ambassadeur à Paris, s'efforçant de cacher sous une indifférence apparente le ressentiment qu'il en éprouvait[9]. Cette rencontre avait néanmoins porté coup, et le duc, après avoir abrégé son séjour auprès du roi, s'excusa de ne pouvoir faire la campagne avec lui comme il l'avait projeté, et même de ne pouvoir fournir autant de troupes que l'année précédente.

La campagne était commencée, mais le duc de Vendôme qui commandait l'armée se borna d'abord à quelques petits faits d'armes; il fit lever le blocus de Mantoue et s'empara de Castiglione delle Stiviere. Il attendit l'arrivée du roi avant d'entreprendre de plus grandes opérations. Philippe fit son entrée à Milan le 18 juin. Il se porta à l'armée, et y fit bonne contenance. S'il est vrai que les souverains, quand ils ne savent pas faire la guerre par eux-mêmes, deviennent un grand embarras pour les généraux auprès de qui ils se trouvent, il faut savoir tenir compte au duc de Vendôme de l'attitude qu'il sut prendre dans ces circonstances délicates.

Après avoir assisté à la bataille de Luzzara, qui coûta tant de sang et eut si peu de succès, le roi quitta l'armée, alla s'embarquer à Gênes, et retourna en Espagne.

La jeune reine, dont la pensée avait toujours suivi son époux dans cette expédition lointaine, aurait voulu, dans le feu de son imagination, trouver en lui un nouveau *Cid-campeador* sans courir les dangers inséparables d'une pareille gloire. « Il est vrai (disait-elle à sa grand'mère) que « le roi désirait extrêmement de voir un combat; mais ce « souhait n'a pas été entièrement accompli, puisqu'il voulait

---

« avoir une balafre à la joue, dont je ne tombais pas d'ac-
« cord avec lui [10] ». Elle se félicitait enfin du retour du roi
qui, tout en restant aussi charmant et aimable qu'il était
auparavant, se montrait à elle comme un bien plus grand
roi puisqu' « il avait battu ses ennemis et acquis tant de
gloire [11] ».

Monsieur de Vendôme n'avait assurément pas le droit
d'être jaloux de ces éloges.

Il est temps maintenant de reprendre le récit de ce que
la reine avait fait depuis le départ du roi.

[10] *Lettre* du 14 septembre 1702 (*Archives générales à Turin*).
[11] *Lettre* du 25 janvier 1703.

CHAPITRE VI.

Première régence de la reine — Les *Cortès* du royaume d'Aragon — Entrée de la reine à Madrid — Affaire du nonce Zondedari — Descente des Anglais et des Hollandais sur la côte d'Andalousie — Défection de l'Amirante de Castille — Retour du roi à Madrid.

Marie-Louise avait été nommée, ainsi que nous l'avons dit, régente d'Espagne [1]. On avait cru d'abord qu'elle aurait été revêtue d'un pouvoir illimité, mais on apprit ensuite par un décret, signé à Naples le 13 mai 1702, que le roi avait placé à côté de la reine un conseil de régence composé de huit membres choisis parmi les personnages les plus qualifiés de l'Espagne [2].

La reine avait, outre la prérogative de la signature, voix prépondérante pour la délibération en cas de partage.

Cette organisation de la régence n'avait pas manqué de produire quelque surprise. Elle donna lieu à des observations de la part de ceux qui prenaient un intérêt direct ou indirect à la marche des affaires [3].

---

[1] *Goviernadora.*

[2] C'est-à-dire le cardinal Porto-Carrero, que le roi qualifie de « y a dos vezes « goviernador de España, y que al presente con orden mia entienda en el mismo « encargo » (cela signifiait qu'il devait gouverner jusqu'à l'arrivée de la reine à Madrid); le bailli D. Emanuel Arias; le duc de Montalto; le marquis de Mancera; le comte de Monterey; le duc de Medina-Cœli; et le marquis de Villafranca.

[3] Ambrogio IMPERIALE, envoyé de la république de Gênes près la cour de Madrid, écrivait, dans une *Dépêche* du 6 juillet 1702, que des Espagnols restaient « ammirati « e quasi ammutili ad intenderne la forma (de la régence) molti che credeano l'asso- « luto comando nella regina o almeno con la sola assistenza del signor cardinale; ma, « avendo prevalso la politica di tener ora soddisfatti questi primati, sono restati indietro « li desideri del Piemonte e d'altri che già si erano insperanziti di essere *alter ego* » (*Archives générales à Turin*).

En quittant Barcelone, la reine alla d'abord au sanctuaire Montserrat, où elle passa la semaine sainte; de là elle se rendit à Saragosse pour y tenir les Cortès d'Aragon.

Le royaume d'Aragon était un pays de vieilles libertés et d'indestructible patriotisme, réputation qui ne s'est jamais démentie. C'était en quelque sorte le cœur de l'Espagne, sous le rapport des institutions politiques [4]. Le peuple était excessivement attaché à ses *fueros* [5], et les souverains, en affectant pour eux un respect religieux, savaient de gagner à peu de frais l'affection de leurs sujets. Aussi Philippe V, en se dirigeant vers la Catalogne, n'avait-il pas manqué de s'arrêter à Saragosse pour prêter le serment de maintenir ces priviléges et ces immunités, en présence des députés et représentans du royaume, dans l'*asseo* ou église métropolitaine de cette ville. On était allé au devant du roi pour lui baiser la main, selon la coutume espagnole, et les officiers de l'inquisition disputaient le pas à ceux du gouvernement; on eut le bon sens de ne pas céder, et on donna naïvement pour raison que le royaume existait avant l'inquisition.

Aux derniers jours d'avril la reine se rendit à Saragosse; elle y fut reçue au milieu des applaudissements.

Les Cortès du royaume furent convoquées dans cette ville; on accorda trois délais, selon l'usage, aux membres qui devaient en faire partie; ce qui prit douze jours.

Cette assemblée était composée un peu différemment de celle d'autres provinces, en ce qu'elle était formée de quatre Chambre ou États, au lieu de trois, c'est à dire la Chambre ecclésiastique (*estado eclesiastico*), la Chambre des nobles (*estado des nobles*), celle des gentilshommes d'un rang secondaire (*estado de hijosdalgo*), enfin les villes qui avaient voix au Cortès (*ciudades de voto en Cortes*).

---

[4] Voyez les *Discursos politicos sobre la legislacion y la historia del antiguo reino de Aragon* par D. Javier de Quinto, de la Academia de historia.

[5] Priviléges et immunités.

Les *hijosdalgo*, plus communément appelés *hidalgos*[6], étaient ceux qui par droit de famille étaient exempts de tailles; ce nom était pris en opposition de celui de *pechero* ou simple citoyen corvéable et taillable.

La Chambre des hidalgos, qui ne comptait pas moins de huit cents voix, était la plus difficile à manier. Ceux qui la composaient, presque tous établis dans la ville, se trouvaient à leur aise et aimaient à animer et à prolonger les discussions[7]. Ceux qui étaient pressés d'en finir reprochaient au gouvernement de n'avoir pas suivi le conseil donné par Philippe IV de réunir les Cortès dans quelque endroit écarté de la province afin que la charge de la dépense pour s'y transporter devînt chez les députés un motif d'abréger leur séjour.

Deux jours après avoir solennellement juré dans la cathédrale de maintenir les priviléges et constitutions du royaume, la reine fit l'ouverture des Cortès dans le palais de résidence de la députation ou représentation provinciale.

On avait pensé d'abord que la reine aurait pu quelques jours après l'ouverture se décharger de la présidence en la

---

6 Nous mettons ci-après, comme simple curiosité, mais qui ne manque pas de quelque intérêt par rapport aux mœurs et aux coutumes espagnoles, les différentes classes des *hidalgos*, telles que nous les trouvons dans le *Dictionnaire* de l'Académie espagnole :

« *Hidalgo*, la persona que por su sangre y linage es de una clase noble y distinguida.

« *Hidalgo de bragueta*, el que goza del privilegio de hidalgo por haber tenido « siete hijos varones (mâles) sin interruption de hembra (femelle) alguna.

« *Hidalgo de cuatro costados*, aquel cuyos cuatro abueles paternos y maternos son « hidalgos.

« *Hidalgo de devengar quinientos sueldos* (ingenuus homo pro iniuriis quingentos « nummos sibi vindicans).

« *Hidalgo de gotera*, el que unicamente en algun pueblo goza de los privilegios de « su hidalguia, de tal manera que en mudando su domicilio à otra parte los pierde.

« *Hidalgo de privilegio*, el que lo es por compra o merced real.

« *Hidalgo de solar conocido*, el que tien solar o casa solariega, o desciende de « una familia que ha tenido o tiene solar o casa solariega ».

7 « Sta bene (pour les hidalgos) che si dilunghino, perchè non spendono nulla, anzi « gli pare d'essere tanti tribuni del popolo romano, quando quelli che stanno servendo « la regina si consumano in dispendio ». *Dépêche* de l'ambassadeur OPERTI, 11 juin 1702 (*Archives générales à Turin*).

remettant au duc de Montalto, président du conseil de Castille, ou à l'archevêque de Saragosse. Les Aragonais s'opposèrent à ce projet, en se référant à un de leurs priviléges qui réservait la présidence à une personne royale ou à un prince du sang.

Ainsi qu'en Catalogne, on demandait en Aragon des subsides aux Cortès, qui à leur tour cherchaient à gagner de nouveaux priviléges.

La discussion engagée sur la proposition d'accorder 400,000 pièces de 8 au roi et 100,000 à la reine continua pendant plus d'un mois. Les Cortès demandaient, à titre de compensation, des facilités pour le commerce de la province que la cour n'était point disposée à accorder, de crainte de compromettre des intérêts particuliers aux royaumes de Valence et de Navarre.

À la suite de longs débats on finit par voter cent mille pièces en faveur de la reine, se réservant de statuer définitivement sur les quatre cent mille demandées pour le roi; et on cessa d'insister sur la demande des avantages commerciaux. Enfin on se sépara après avoir payé les 100,000 pièces et prêté serment de fidélité aux nouveaux souverains.

La reine se rendit à l'assemblée le 16 juin [8], et là, assise sur le trône, elle prorogea pour deux ans la réunion des Cortès, qui aurait eu lieu selon le bon plaisir du roi et dans tel endroit qu'il désignerait.

En se décidant à proroger au lieu de clore la session des Cortès, la reine se montra habile et sage. L'autorité des nouveaux souverains avait encore besoin de se raffermir avant de trancher toutes les difficultés qui s'étaient présentées; il ne fallait pas pousser trop loin les prétentions ou les résistances, surtout pendant l'absence du roi.

Loin de paraître fâchée de la longueur de la session et d'un peu de mauvaise volonté qui y avait percé, la reine

---

[8] 1702.

eut l'adresse de se montrer satisfaite de ce qui s'était passé. Elle écrivait à sa grand'mère [9] : « Vous ne serez pas fâchée « d'apprendre que les États d'Aragon ont été à ma satis- « faction.... Je vous dirai que le peu de temps a em- « pêché que les Aragonais fissent un don au roi, et que « je finisse les cours [10]. Ainsi il a fallu me contenter de les « proroger et recevoir un présent qu'ils m'ont fait de cent « mille écus, que j'envoye au roi, car je crois qu'il en a « grand besoin ».

C'est ainsi qu'en ménageant les amours-propres et en res- pectant les convenances Marie-Louise augmenta encore l'ascendant que par son esprit et par ses manières elle était appelée à exercer sur la nation espagnole.

Le 30 juin 1702 la reine fit son entrée solennelle dans Madrid. La longue et large rue d'Alcalà, par où le cor- tége devait passer, avait été toute décorée de draperies en soie et or ; des groupes de chanteurs et de danseurs avaient été placés de distance en distance pour divertir le peuple, qui s'était porté en foule sur le passage de la reine. Elle fut reçue avec de grandes acclamations. Son extrême jeu- nesse intéressait autant que sa figure agréable, et on avait déjà entendu dire tant de bien d'elle qu'on l'aimait même avant de l'avoir vue.

Parmi les hommages que la reine reçut après son entrée à Madrid on ne saurait oublier les quarante esclaves chré- tiens qui lui furent envoyés en présent par le roi de Maroc. Ce fut sans doute pour son cœur une vive jouissance de voir ces pauvres malheureux rendus sous ses auspices à la liberté.

L'attention, souvent exagérée, qui se déploie dans les cir- constances extraordinaires avait fait remarquer au milieu de toutes ces démonstrations de joie quelques traces de pré- sages sinistres.

9 *Lettre* du 18 juin 1702, publiée par madame la comtesse della Rocca.
10 Les Cortès.

Son entrée, ainsi que celle de Philippe V, s'était faite un vendredi, et elle avait été précédée de quelques jours par un grand incendie qui avait détruit les fameuses salles d'armes du duc de l'Infantado à Guadalaxara [11].

Le portrait qu'on avait fait à la jeune reine de la ville de Madrid était si peu flatté qu'elle lui parut, en la voyant, mieux qu'elle n'avait d'abord espéré. Marie-Louise ne se trouva pas trop mal dans son palais, qu'elle se mit de suite à embellir, suivant les conseils de madame des Ursins, mais dans les choses qu'on pouvait faire sans grande dépense, « car dans ces temps ici (ajoutait-elle) il faut « penser à l'économie [12] ».

On a si souvent loué mal à propos les princes de leur prodigalité qu'il est bon de tenir compte du soin qu'ils prennent quelquefois d'une sage économie.

En arrivant à Madrid la reine était plus inquiète du nombre et de l'humeur des personnes qui devaient former sa cour que du plus ou moins d'agrément qu'elle aurait dans cette résidence. Avant de quitter Barcelone elle annonçait à sa mère l'embarras où elle allait se trouver : « J'aurai auprès de moi (disait-elle) 22 dames, sans compter « toutes les autres femmes ; enfin on dit que dans le pa- « lais il y aura bien trois cents femmes, les comptant toutes, « et qui font toujours des cabales et des histoires très-en- « nuyeuses ; ce sera la princesse des Ursins et moi qui en « souffrirons ».

Les habitudes de cette cour, où l'intrigue se cachait sous le désœuvrement, où la faveur s'achetait au prix de la bas- sesse, où, pour nous servir d'une expression de madame des Ursins « les étiquettes tendaient à mettre les rois en

---

[11] Ces détails, que nous extrayons de la Relation de la mission en Espagne d'Ambrogio Grimaldi, envoyé de la république de Gênes à Madrid en 1701 (*Archives gé- nérales à Turin*), ne sont rapportés ici que pour mieux faire connaître les idées du temps.

[12] Voyez la *Lettre* de la reine à sa grand'mère, du 5 juillet 1702, publiée par ma- dame la comtesse della Rocca.

« brassières [13] », devaient choquer une jeune princesse qui portait en elle des dispositions entièrement opposées. Aussi faut-il dire à sa louange que pendant toute sa vie elle ne laissa pas prendre pied autour d'elle à ces tracasseries d'intérieur qui dans d'autres temps avaient influé d'une façon si nuisible sur la marche des affaires. Ce fut pour la reine un grand avantage d'avoir à ses côtés madame des Ursins, qui connaissait déjà l'existence et les dangers de ces foyers d'intrigues [14]. On parvint ainsi à écarter des tempêtes que ces femmes, qu'un ambassadeur français appelait les *furies* du palais de Madrid, n'auraient pas manqué de soulever.

Il y avait peu de distractions à cette cour; quelques promenades aux environs de la ville, ou tout simplement dans le lit du Manzanarès [15], de fréquentes visites aux couvents [16], et au sortir du Conseil des jeux d'enfans, tels que le colin-maillard et autres semblables: c'était tout ce que se permettait la reine pendant l'absence de son époux.

Son assiduité aux conseils et l'attention qu'elle prêtait à la discussion des affaires étaient d'autant plus remarquables que sa vivacité naturelle faisait du bruit autour d'elle. Elle

---

[13] Voyez la *Lettre* de madame des Ursins à madame de Noailles, du 14 octobre 1702, dans le recueil de M. A. GEFFROY.

[14] Le mot espagnol *camarilla,* introduit par l'usage dans toutes les langues de l'Europe, prouve que ce genre de cabales était peut-être plus usité en Espagne que partout ailleurs.

[15] Voyez les *Lettres* du 17 août et du 14 septembre 1702, publiées par madame la comtesse della ROCCA. Dans la dernière de ces lettres la reine dit: « Il est vrai, ma « très-chère grand'maman, que de s'aller promener dans la rivière est assez agréable; « il y fait pourtant bien chaud. Il faut que je vous dise une chose, qui est fort extraor-« dinaire, de cette promenade: c'est que le plus souvent il y a de la poussière; on ne « croirait pas qu'il faudrait arroser la rivière; cela est pourtant. Vous pouvez juger « par là de la quantité d'eau qu'il y a ». Cela justifie le mot de ce plaisant qui, parlant du pont magnifique jeté sur le Manzanarès, conseillait de vendre le pont pour acheter de l'eau.

[16] « Intanto che il re si trattiene in Italia, si diverte qui la regina nella visita dei « monasteri, senza mancare però ogni mattina al dispaccio dei pubblici affari ». *Dépêche* d'Ambrogio IMPERIALE, envoyé de la république de Gênes, 27 janvier 1702 (*Archives générales à Turin*).

avouait à sa grand'mère « qu'elle s'ennuyait fort au Con-
« seil qui se tenait tous les matins, principalement à cause
« que les affaires qu'il y a à l'heure qu'il est ne sont pas
« bien agréables, comme vous pouvez le juger aisément [17] ».

Les séances de la Junte au conseil de régence se tenaient
tous les jours, de dix heures du matin à midi. Quelquefois
la reine tenait encore conseil après dîner ; ce surcroît d'activité relevait de plus en plus son mérite aux yeux du
public [18].

Nous allons la suivre maintenant dans les détails de
quelques grandes affaires qui se présentèrent pendant sa
régence.

Il est souvent parlé dans l'histoire de l'habileté de la diplomatie de la cour de Rome, et l'on connait assez par quels
fins détours elle cherche à atteindre son but. En voici un
exemple remarquable.

Vers la fin du XVII siècle de graves différends s'étaient
élevés entre la cour de Rome et celle de Turin au sujet
de certains droits sur les bénéfices ecclésiastiques et sur
l'impôt auquel les biens d'église devaient être assujettis [19].
Comme il arrive souvent, ces querelles s'aigrissaient davantage en vieillissant ; et précisément dans cette année 1702
le pape se plaignait surtout des édits publiés par le duc,

---

[17] *Lettre* du 9 août, publiée par madame la comtesse della Rocca. — Les longs discours, souvent inutiles, qui se faisaient dans la Junte ennuyaient fort la reine. Ne
voulant pas les interrompre, de peur d'offenser ces ministres, elle leur donna une leçon adroite qui produisit le meilleur effet : elle prit son ouvrage lorsqu'elle les vit se
perdre en digressions. « Comme on parle de choses qui ne regardent point les affaires,
dit-elle gracieusement, j'emploierai ce temps à travailler ». On reçut l'avertissement
en riant, et on se corrigea en partie. *Mémoires* de Noailles, an. 1702.

[18] « La regina se la passa con ottima salute e con applauso generale per l'attenzione
« che dimostra al governo, assistendo non solo alla mattina con i signori della Giunta,
« ma facendoli radunare anche al dopo pranzo ». *Dépêche* d'Ambrogio Imperiale du 24
août 1702 (*Archives générales à Turin*).

[19] Pour ce qui concerne les détails de ces questions, nous renvoyons le lecteur au
Chapitre XII de la *Storia del regno di Vittorio Amedeo II*, publiée en 1856 par M.
le commendeur Carutti ; ouvrage d'un mérite reconnu, et qui a rempli une lacune considérable dans l'histoire du Piémont.

concernant les biens de main-morte et la perte des droits
civils prononcée contre ceux qui auraient pris et gardé pendant plusieurs années l'habit religieux, même sans émission
des vœux. Il réclamait en même temps pour de prétendues
violations des droits du saint-siége sur des fiefs qu'il possédait en Piémont. Les intérêts ecclésiastiques et politiques
se trouvaient donc également en jeu. Clément XI, rejetant
sagement les conseils de ceux qui auraient voulu renouveler
dans cette occasion les scènes de l'interdit de Venise, avait
adressé un bref à Victor-Amédée pour l'engager à révoquer
les actes qui, selon lui, portaient atteinte à des droits légitimes.

Victor-Amédée ne manqua pas de prendre en considé-
ration les demandes du pape; il réprima même des excès
de zèle de la part de ses cours de justice, qui n'avaient
pas assez respecté ce qui était du droit de l'église; mais il
soutint fort et ferme ce qu'il croyait être le droit de sa
couronne.

Les choses en étaient à ce point lorsque monseigneur
Zondedari [20] arriva en Espagne en qualité de nonce extraordinaire.

Ce prélat, soit qu'il se réglât sur ses instructions, soit
qu'il ne prît conseil que de lui-même, crut le moment favorable pour en venir à la conclusion de cette affaire.

Il imagina pouvoir réussir au moyen d'un ricochet; c'était
d'engager madame des Ursins à solliciter le cabinet de Versailles à se rendre médiateur auprès du duc de Savoie pour
l'arrangement de ces questions, et d'obtenir par le moyen
de la reine que Victor-Amédée ne se refusât pas à cette
combinaison.

Madame des Ursins, qui tenait à être bien en cour de
Rome, et qui pendant son long séjour dans cette ville s'y

---

[20] Nous avons pris le parti de nous fixer sur le nom de *Zondedari,* ainsi que nous le
lisons imprimé dans les *Annali d'Italia* de MURATORI; ce nom là se trouvant indiqué
avec des variantes dans les pièces diplomatiques du temps.

était liée avec toutes les personnes de haut rang, n'hésita point à seconder les desseins de monseigneur Zondedari avec d'autant plus d'empressement que l'ambassadeur Operti, connaissant mal les dispositions de son souverain, s'était aussi associé à ces vues. Elle écrivit en conséquence à M. de Torcy, secrétaire d'État des affaires étrangères, qui, moins enclin à plaire aux agens de la cour de Rome qu'en mesure de connaître les vues du duc de Savoie, lui fit la réponse suivante :

« Je doute fort, madame, que la proposition que monsei-
« gneur le nonce Zondedari vous a faite convînt à monsieur
« le duc de Savoie ; je puis au contraire vous assurer que
« ce prince n'a pas souhaité que le roi interposât ses of-
« fices pour accommoder les différends dont le nonce vous a
« parlé. Je ne sais si monsieur le duc de Savoie aimerait
« mieux la médiation du roi catholique, mais, avant que la
« reine lui en écrive, vous jugerez peut-être à propos qu'elle
« sache les sentimens de monsieur son père. Il serait à
« souhaiter que le prince, étant étroitement lié avec le roi
« et avec le roi d'Espagne, n'eût pas de différends avec la
« cour de Rome, les suites pouvant en être embarrassantes,
« mais s'il croit pouvoir les terminer plus avantageusement
« pour lui lorsqu'il s'en mêlera seul, on lui ferait de la peine
« si l'on marquait y vouloir entrer ».

Cette lettre, si finement tournée, aurait dû persuader madame des Ursins de se désister d'un projet qui ne paraissait pas avoir assez de chances de succès pour compenser le danger auquel elle s'exposait de froisser la juste susceptibilité du duc de Savoie. Elle n'en persista pas moins dans sa première idée, et décida sa maitresse à écrire à son père dans les termes qu'on va lire :

« De Saragosse, ce 9 juin 1702.

« Je ne veux pas, mon très-cher papa, laisser partir ce
« courrier sans vous écrire, non-seulement pour vous assurer

« de mon amitié, mais pour vous parler d'une affaire que je
« me suis chargée. Monseigneur Zondedari, nonce extraor-
« dinaire du pape, parla à Monserrate à la princesse des
« Ursins, et lui dit qu'il aurait bien voulu que je priasse le
« roi de faire ce qu'il pourrait pour vous rajuster avec sa
« Sainteté. Il dit cela de lui-même et sans aucun ordre
« du pape. Madame des Ursins en a écrit en France, et je
« vous envoie la copie de la réponse que monsieur de Torcy
« lui a fait, qui est toute des plus obligeantes pour vous,
« mon cher papa. Le roi de France, marquant qu'il ne vou-
« drait pas faire une chose dont vous ne vous trouvassiez
« pas bien, je me suis chargée de vous le faire savoir, et
« je vous prie de me mander ce que vous souhaitez là-dessus.
« Les deux rois semblent le souhaiter, et si cela vous ajus-
« tait, je serai bien aise de vous voir bien avec la cour
« de Rome.

« Je finis, mon cher papa, car j'ai encore à écrire à ma
« mère, ainsi je ne ferai que vous embrasser du meilleur
« de mon cœur ».

Victor-Amédée n'était point d'humeur à se laisser entraîner dans ces négociations indirectes qui n'aboutissent
le plus souvent qu'à fausser les positions et à augmenter
les embarras. Il répondit immédiatement à sa fille, et, au
lieu de toucher au fond de l'affaire dont on voulait l'occuper,
il attaqua la forme sous laquelle le nonce avait mala-
droitement essayé de l'entamer.

Évitant avec le plus grand soin de s'expliquer sur quoi
que ce fût de positif, il abonda dans les protestations de
respect et de dévouement envers le saint-siége autant que
dans la réserve de ses droits sur des matières qu'il indiquait à peine, et il saisit l'occasion de dire des choses
agréables et flatteuses pour la cour de France, sans s'engager à rien envers elle. Voici le texte de cette dépêche
remarquable, du 20 juin 1702, qu'on pourrait proposer
comme un modèle à suivre dans de pareilles occasions:

« Je vois, ma chère fille, par votre lettre du 9 juin les
« discours que monseigneur Zondedari a fait à madame des
« Ursins et la lettre que monsieur de Torcy lui a écrit
« sur ce sujet. Je ne suis pas surpris des marques de bonté
« que le roi très-chrétien me donne, mais je le suis de ce
« que monseigneur Zondedari suppose qu'il y ait de brouilleries
« entre le saint Père et moi. Le respect et la soumission
« que notre maison a toujours eu pour le saint-siége, et
« que je me fais honneur d'avoir à l'exemple de mes pré-
« décesseurs, ne donneront jamais lieu de dire avec vérité
« que je suis brouillé avec sa Sainteté, puisque ce ne sont
« que des supplications respectueuses que je fais au pape
« pour lui remontrer l'injustice qu'on m'a faite quand on a
« voulu lui persuader que mes magistrats avaient fait des
« édits qui fussent contre leur devoir et leur conscience.
« J'ai prié et supplié sa Sainteté d'avoir égard aux priviléges
« que ma maison a eu de ses prédécesseurs pour la nomi-
« nation des bénéfices, et de faire cesser les abus qui se
« sont glissés au préjudice de mes peuples au sujet de l'im-
« munité des biens ecclésiastiques. J'espère de l'équité de
« sa Sainteté une justice telle que mon respect et mon dé-
« vouement m'assurent de pouvoir obtenir. Vous voyez donc
« bien par là, ma chère fille, que monseigneur Zondedari s'est
« un peu trop avancé dans ses suppositions, qui pourtant
« me sont heureuses, puisque cela me fait toujours plus
« connaître les bontés que la cour de France a en mon
« endroit, et dont j'espère toujours la continuation, puisque
« je n'oublierai rien à l'avenir pour ne lui donner pas moins
« de marques de mon attachement et de mon zèle que j'ai
« fait pour le passé. Vous témoignerez à madame la prin-
« cesse des Ursins, en lui rendant compte de ce que je vous
« écris, l'obligation que je lui ai, la priant d'être bien per-
« suadée de l'estime que j'ai pour elle et de l'intérêt que
« je prendrai toujours en ce qui la regarde, d'autant plus que
« j'ai entre ses mains une enfant que j'aime plus que moi,

« même. C'est de quoi, ma chère fille, je vous prie d'être
« bien persuadée, et que je ne mourrai jamais content que
« je n'aie le plaisir de vous embrasser ».

Cette réponse fut communiquée par la reine à la cour de
France; l'affaire de Rome alla son train, et on ne parvint à
l'arranger que bien des années après. Le duc cependant eut
soin de tenir au courant son ambassadeur à Paris de ce
qui venait d'avoir lieu; il en reçut des informations utiles
pour la manière de se conduire vis-à-vis du saint-siége [21].

Le duc écrivit aussi au commandeur Operti, touchant
cette affaire, avec moins de ménagements qu'il n'avait mis
en s'adressant à sa fille, et l'ambassadeur de Savoie à Madrid
comprit qu'il avait mal saisi les intentions de son maître.
La reine ne manqua pas certainement de profiter de la leçon
que son père lui donnait indirectement. Elle s'en est re-
souvenue sans doute plusieurs années après [22], à l'époque
des différends survenus entre le saint-siége et l'Espagne,
qui amenèrent le renvoi de Madrid du nonce Zondedari.

Dans les derniers jours du mois d'août de cette même
année 1702 la flotte combinée, anglaise et hollandaise, forte
d'environ 200 voiles, s'approcha des rivages de Cadix; elle
y débarqua douze mille hommes, qui s'emparèrent sans

---

21 « È molto probabile che di Spagna sarà stata qui trasmessa la risposta di V. A. R.
« alla regina intorno alla insinuazione che aveva colà fatta monsignore Zondedari per
« le consapute pendenze con Roma; con tutto ciò questi ministri non se ne sono dati
« per intesi meco, nè tampoco penso che ne abbiano parlato con altri, se non fosse col
« nunzio Gualtieri, il quale varie volte è entrato a discorrere meco d'esse pendenze,
« come altresì ha fatto il nunzio straordinario Fieschi; che però molto mi hanno gio-
« vato per rispondere a tuono le notizie che in questo particolare V. A. R. si è de-
« gnata trasmettermi. Monsignor Gualtieri in termini di confidenza si è spiegato meco
« parecchie volte che la Corte di Roma in varie cose potrebbe avere maggiore condi-
« scendenza di quella che ha praticato; e che sopratutto ella dovrebbe seguire l'esempio
« dell'Imperatore e dei maggiori monarchi del mondo in accordare agli ambasciatori di
« V. A. R. il trattamento regio. Mi ha egli più volte insinuato che le due corone, sì per
« l'unione del sangue che per essere collegate con V. A. R., dovrebbero interporre i suoi
« uffizi per terminare con suo maggiore decoro e vantaggio le accennate differenze
« ecc. ». *Dépéche chiffrée du 21 août 1702 (Archives générales à Turin).*

22 En 1709.

grande difficulté de Rota et de Port-sainte-Marie. On força
les habitants à proclamer roi le prétendant autrichien sous
le nom de Charles III.

Si la résistance aux premiers attaques fut faible de la
part des Espagnols et des Français, on ne manqua pas au
moins de se préparer immédiatement à Madrid pour une
défense prompte et vigoureuse. Le peuple et les grands
s'empressent à l'envi d'en fournir les moyens ; on fait au
trésor des dons volontaires de sommes considérables ; le
royaume d'Aragon offre de mettre sur pied 20,000 hommes ;
la Catalogne presque autant. La reine lève à ses frais un
régiment de cavalerie ; le cardinal Porto-Carrero se dispose
à en lever un d'infanterie. On se presse, on s'anime de
tous côtés. L'Andalousie, exposée aux premiers coups de
l'ennemi, se tient ferme dans l'obéissance à Philippe. La
reine annonce au Conseil qu'elle est prête à se rendre de
sa personne dans cette province et à s'y mettre à la tête
de la résistance ; le public applaudit à cette résolution courageuse, admirable coup d'essai d'une reine de quatorze ans.
Les grands s'associent à cet élan généreux ; les dames,
ayant à leur tête la duchesse de Medina-Sidonia, se montrent d'une égale ardeur. Cette attitude des populations et
cet accord de tous les ordres de l'État en imposent aux
ennemis, qui au bout d'un mois quittent ces parages pour
aller chercher sur un autre point des côtes d'Espagne un
succès plus facile et plus important.

La reine le prévoyait bien lorsqu'elle écrivait à sa grand'mère :
« Je vous dirai que les ennemis se sont à la fin rembarqués
« sans faire rien en Andalousie ; mais je ne m'en suis pas
« réjouie autant à cette heure que si cela était arrivé il y
« a quelque temps, à cause que je crains qu'ils n'aillent
« chercher notre flotte qui est à Vigo [23] ». Et c'est précisément de ce côté-là que se dirigea la flotte ennemie ; c'est
précisément dans les eaux de Vigo qu'elle battit la flotte

[23]. *Lettre* du 4 octobre 1702, publiée par madame la comtesse della Rocca.

espagnole, renforcée d'une escadre française, et s'empara d'une partie de la cargaison des galions revenant d'Amérique, objet principal de cette expédition[24].

Malheureusement il n'était pas au pouvoir de la reine d'empêcher ce qu'elle avait prévu. L'Espagne essuya de grandes pertes, mais le souvenir de l'énergie déployée dans ces circonstances par Marie-Louise resta comme un élément de force morale pour la nouvelle souveraineté. De justes éloges furent cette fois attribués au vrai mérite, qui, ainsi qu'il arrive toujours, se montra simple et modeste.

« J'ai été surprise de voir (écrivait la reine à sa grand'mère) « que vous savez que je me suis offerte à aller à Cadix « pendant le temps de la descente que les ennemis ont faite « sur ces côtes. Cela est vrai; je dis que, si la Junte le « jugeait à propos, j'étais prête à aller dans quelque ville « d'Andalousie pour encourager mes peuples à se bien défendre; « mais, grâce à Dieu, ils n'ont pas eu besoin de cela, « puisqu'ils ont marqué dans cette occasion être de fort bons « sujets et fort aimer leur véritable roi et point le faux[25]. »

Mais il n'y eut pas sans doute de félicitation plus flatteuse pour la reine que celle que lui adressa le duc son père dans une lettre que nous allons reproduire ici.

« La campagne ne pouvait finir plus heureusement cette « année que par une bataille gagnée en Italie en présence « du roi[26]: les vastes desseins des Anglais et Hollandais « en Espagne frustrés par le zèle et attachement des « Espagnols, et la déclaration pour nous de l'électeur de « Bavière, qui a traîné avec soi l'heureuse victoire que le « marquis de Villars (a remportée) sur le prince Louis de « Bade en Allemagne[27]. Mais celui de tous les succès que

[24] Voyez les *Lettres* à sa grand'mère du 23 octobre et 2 novembre 1702, publiées par madame la comtesse della Rocca.

[25] *Lettre* du 19 octobre 1702, publiée la première fois par nous dans le *Mémoire* inséré dans le Recueil de l'Académie impériale des sciences de Chambéry.

[26] La bataille de Luzzara.

[27] Bataille de Fridlingen.

« je ressens le plus c'est le bonheur que vous avez eu de
« chasser la flotte ennemie de l'Andalousie, puisque c'est
« une affaire qui vous regarde personnellement et qui ne peut
« que vous entraîner des suites heureuses, que je vous
« désire ardemment. Je ne vous mande point des nouvelles
« du roi ni de celles de notre famille, m'en remettant avec
« plaisir à votre mère, puisque vous n'ignorez pas, ma chère
« enfant, ma paresse à écrire. Ainsi il ne me reste que de
« vous confirmer toujours la tendresse que j'ai pour vous,
« qui est au-dessus de tout ce que je vous puis exprimer [28] ».

Une autre affaire aussi grave qu'imprévue, et qui se lie
en quelque sorte à celle d'Andalousie, vint troubler la cour
et surprendre la reine.

Jean Thomas Henriques de Cabrera, comte de Melgar,
dans les veines de qui on croyait que coulait le sang des
anciens rois de Castille joint à celui des Incas du Pérou,
se faisait remarquer par son immense fortune et le titre
pompeux d'Amirante de Castille. Dans cette masse de grands
qui à Madrid tenait tant de place dans le palais et si peu
dans les affaires on en distinguait quelques-uns qui avaient
une importance réelle.

Le comte de Melgar était de ce nombre. Dans ces moments où le nouveau gouvernement n'était pas encore bien
assis il fallait se ménager l'adhésion de ces personnages,
dont l'exemple servait de règle à la foule. Dans les cours
envahies par l'intrigue, telle que celle d'alors à Madrid, les
soupçons dominent toujours et ils sont souvent justifiés.

On ne tarda pas à s'apercevoir que la conduite du comte
de Melgar n'était pas claire ; on épiait toutes ses démarches,
on savait qu'il entretenait des correspondances avec les chefs
du parti autrichien. Son hésitation à répondre à l'offre qui lui
avait été faite du commandement des troupes de l'Andalousie ;
son empressement à se mettre en route pour l'ambassade
de Paris, qu'il avait d'abord presque dédaignée ; tout cet

---

[28] Archives générales de Turin.

ensemble de faits, accusant quelque vue cachée, était devenu un sujet de justes inquiétudes pour la régente. Peu de jours après on apprit que l'amirante, au lieu de poursuivre sa route vers Paris, s'était tourné vers Lisbonne, foyer d'une opposition qui se transforma bientôt après en guerre ouverte contre Philippe V.

Pendant les perplexités qui devaient nécessairement se produire dans ces circonstances la reine conserva toujours du calme et de la dignité, même ayant à ses côtés des personnes dont l'exaspération passait toute mesure.[29]

Les mémoires du temps nous apprennent qu'on fit son procès à l'amirante; on le déclara rebelle, on le condamna à mort, on lui confisqua ses biens, sans oser lui infliger le dernier stigmate du désonheur, l'éxécution en effigie[30].

Il ne sera peut-être pas inutile de rappeler ici qu'après l'ouverture de la guerre maritime, dont nous avons déjà parlé, on avait institué à Madrid une Junte composée de trois théologiens, qui, réunis au marquis de Fresno, devait examiner si les représailles exercées jusqu'alors dans les ports de mer de l'Espagne étaient justes et conformes au droit[31]. Cela s'était fait à la suite de représentations de la part des Anglais et des Hollandais, qui soutenaient avoir agi loyalement. On citait à l'appui l'exemple d'un bâtiment biscayen ayant une cargaison de 200,000 piastres, qu'on ne

---

[29] Madame des Ursins écrivait le 14 octobre 1702 à madame de Noailles : « Je ne « me donnerai point l'honneur, madame, de vous rien dire sur le sujet de l'Amirante, « puisque tout le mal que je pourrais vous en dire est au-dessous de celui qu'un traître « comme lui mérite ». *Recueil* publié par M. A. Geffroy.

[30] Voyez l'ouvrage de M. François Combes, *La princesse des Ursins*, chap. 8.

[31] Les Espagnols étaient opposés au projet conçu en France de retenir les effets de la flotte comme une ressource absolument nécessaire. Les marchands ne se souciaient pas de découvrir ce qui appartenait aux ennemis des deux couronnes. Des fonctionnaires publics soutenaient que la confiscation serait illégitime pour des effets négociés avant la guerre. On se plaignait de la ruine du commerce si on ne délivrait pas aux négociants ce qui devait leur revenir. C'est le cardinal d'Estrées qui s'avisa de réduire l'affaire en cas de conscience ; cela s'accordait aussi avec les habitudes espagnoles. La Junte, composée de moines, se prononça selon les vues de la France et dans le sens favorable aux intérêts du gouvernement. Voyez les *Mémoires* de Noailles, an. 1703.

voulut point retenir à Londres et qui s'en retourna en Espagne aux applaudissements des négociants.

Enfin le roi rentra en Espagne, à la grande satisfaction de la reine qui était fatiguée des séances de la Junte, et de la Junte elle-même, qui se voyait déchargée d'une responsabilité d'autant plus grave que l'absence du roi affaiblissait dans quelque partie de la monarchie, surtout en Catalogne, le sentiment du devoir d'obéissance [32].

Le cardinal d'Estrées, accompagné de son neveu, l'abbé d'Estrées, rejoignit le roi Philippe à Perpignan. Le cardinal venait en qualité d'ambassadeur de France remplacer le comte de Marsin qui allait reprendre du service à l'armée.

L'arrivée du cardinal français fut le signal d'une grande discorde dans le cabinet espagnol. Dès le soir même de l'arrivée du roi à Madrid le cardinal Porto-Carrero supplia le roi de lui permettre de ne plus entrer au *Despacho* [33]. Le cardinal d'Estrées s'enhardit au point de proposer au roi qu'il fît son conseil tout seul avec lui. Le roi n'accepta point une semblable proposition, qu'il croyait contraire à sa dignité et à l'intérêt du pays; il se borna à lui promettre qu'il enverrait demander son avis sur toutes les affaires importantes, sans pourtant en délibérer avec lui.

Le cardinal d'Estrées n'accepta point ce moyen terme, et le roi finit par se décider à expédier ses affaires tout seul. Le peuple de Madrid lui sut gré de cette résolution, car, ainsi que le marquait la reine, il y avait longtemps qu'on souhaitait un roi qui gouvernât par lui même [34]. La chose fut d'autant plus applaudie qu'elle était moins attendue, mais fut aussi de courte durée.

---

[32] « I Catalani non vogliono sentir sonata di ubbidire la Giunta, nemmeno la regina, « allegando d'essere immediati al re e non dover essere soggetti ad altri ». *Dépêche* de l'envoyé génois Ambrogio IMPERIALE, 13 juillet 1702 (*Archives générales à Turin*).

[33] Conseil de cabinet.

[34] Voyez la *Lettre* de la reine à sa grand'mère, du 25 janvier 1703, publiée par madame la comtesse della ROCCA.

CHAPITRE VII.

L'esprit de la reine et là bonté du roi.

Nous avons déjà signalé plus d'une fois les belles et nobles qualités qui distinguaient la jeune reine. Nous avons vu avec quelle aisance et quelle mesure elle savait se tenir dans la position aussi haute que difficile à laquelle elle venait d'être appelée.

Mariée presqu'au sortir de l'enfance à un prince qui avait à peine dix-huit ans; séparée brusquement de toutes les personnes en qui elle pouvait avoir confiance; transportée dans un pays lointain, chez un peuple de mœurs et d'habitudes toutes différentes de celles du pays qui l'avait vue naître, elle ne se montra pas un seul instant confuse ni embarrassée du rôle qu'elle avait à remplir.

Simple et adroite dans ses manières, prompte à saisir le bon côté dans les affaires, agréable dans sa conversation [1], elle fut admirée aussitôt qu'elle fut connue.

Ce succès si complet et si durable, dont il y a peu d'exemples dans l'histoire, ne tarda pas à lui susciter des surveillants ombrageux et des censeurs incommodes.

Louis XIV voulait gouverner l'Espagne sous le nom de

---

[1] L'ambassadeur OPERTI dans une *Dépéche* du 1 janvier 1702 disait déjà: « La regina « sa sostenere la conversazione con tale prudenza e vivacità che, se prima aveva legato « i cuori e gli animi con una catena, gli ha avvinti adesso con innumerabili ». (*Archives générales à Turin*). Ce talent pour la conversation, qui n'est pas accordé à tout le monde, mérite surtout d'être cultivé par les princes. Il n'y a pas pour eux de meilleur moyen de se faire apprécier. D'ailleurs ce n'est qu'en échangeant les idées qu'on apprend leur véritable valeur, et les princes plus que tout autre ont besoin de découvrir la vérité qu'on a souvent tant d'intérêt à leur cacher. La remarque, quoique banale, n'en est pas moins d'usage en tout temps.

on petit-fils, et il suivait d'un œil inquiet les premiers pas de celle qu'il lui avait choisie pour compagne. Il était surpris de voir poindre une volonté, avec laquelle il lui faudrat compter, là où il s'attendait à ne trouver qu'une aveugle soumission.

Les rapports qui lui parvenaient de ses agents en Espagne, dès le moment de l'arrivée de la reine, ne faisaient qu'éveiller de plus en plus son attention.

Le comte de Marsin, ambassadeur de France, et le père Daubenton, confesseur du roi, frappés d'abord de la supériorité de Marie-Louise sur son époux, craignaient que celui-ci ne tardât pas à être annulé comme d'autres rois d'Espagne l'avaient été par leurs femmes [2]. On disait à Versailles que la reine, comme le duc son père, n'avait pas de penchant pour la France.

Ces inquiètudes touchant la conduite de la reine à son début dans la vie politique étaient partagées par Victor-Amédée.

Ce qu'une politique défiante songeait à éviter d'un côté, la sollicitude paternelle cherchait à le prévenir de l'autre. Le roi de France craignait que l'esprit de sa belle-fille ne le gênât dans l'exécution de ses projets ; le duc de Savoie redoutait que le franc parler de sa fille ne compromît ses propres intérêts. Aussi, à peine vint-il à savoir qu'en Espagne il n'était bruit que des succès de la reine, il se prit à lui donner des conseils. Ne voulant pas risquer une lettre adressée directement à sa fille, il manda à son ambassadeur à Madrid qu'il désirait qu'il cherchât, sans que pourtant cela fût remarqué, à parler en particulier à la reine pour lui dire de la part de son père qu'elle ferait bien de ne pas laisser paraître tant d'esprit et d'énergie ; qu'il valait mieux cacher cela jusqu'au moment où il conviendrait de le montrer [3].

---

[2] *Dépêche* de l'ambassadeur OPERTI, 10 janvier 1702 (*Archives générales à Turin*).

[3] « Non sappiamo se avete campo di parlare alla regina in particolare ; desideriamo « però che procuriate, senza però essere osservato nè dare alcun oggetto, d'averne l'oc-

L'ambassadeur dans sa réponse au duc, tout en l'assurant qu'il aurait obéi à ces instructions, lui répéta ce qu'il lui avait déjà écrit d'autres fois, que la reine se conduisait avec la plus grande prudence, comme si depuis dix ans elle avait été à la tête des affaires [4].

Dans une autre lettre le duc, après avoir félicité sa fille sur son arrivée à Madrid et sur ce qu'elle avait trouvé cette ville plus agréable qu'elle n'avait pensé, lui ajoutait : « J'espère « que votre conduite à vous procurer l'amitié de la nation « vous en augmentera les agréments. C'est ce que je désire « avec le plus d'ardeur, étant chose essentielle pour vous [5] ».

La préoccupation de Victor-Amédée II était qu'on pût voir dans sa fille l'instrument de la politique de son père ; et l'inquiétude de Louis XIV partait précisément de cette supposition. Marie-Louise, étrangère à tout autre projet qu'à celui de plaire à son époux et de contribuer à sa gloire, marchait vers son but avec une confiance qu'elle ne puisait que dans son cœur.

On a cru que le voisinage de madame des Ursins était pour la reine la source permanente des meilleures inspirations. Sans prétendre nier que les conseils de l'expérience fournis dans l'assiduité de ses fonctions par la *camarera-mayor*, dont l'âge dépassait d'un demi-siècle celui de sa maîtresse, aient été d'une grande importance pour cette dernière, nous osons affirmer que la reine sut toujours se guider par elle-même.

L'habileté de madame des Ursins se serait brisée contre plus d'un écueil, si l'étoile de la reine n'eût dirigé sa marche et soutenu ses efforts.

« casione per dirle per parte nostra, non osando rischiare a farlo a dirittura, che sarà « bene che non mostri tanto spirito e forza d'animo nelle cose, procurando piuttosto « di coprirlo, non sendo ancora tempo di manifestarlo » *Dépêche* du duc à l'ambassadeur Operti, 21 juin 1702 (*Archives générales à Turin*).

[4] « Si comporta con tale condotta come se fosse consumata da dieci anni in qua « nella reggenza ». *Dépêche* 13 juillet 1702 (*Archives générales à Turin*).

[5] La minute de cette lettre, portant l'indication : *S. A. R. à la reine d'Espagne, en juillet* 1702, est aux Archives générales à Turin.

Amie vraie et attentive, Marie-Louise savait rendre justice
à celle dont le dévouement lui était acquis; et madame
des Ursins par son grand usage du monde complétait en
quelque sorte l'action spontanée de l'intelligence de la
reine [6].

Le dévouement de madame des Ursins pour ses nouveaux
maîtres n'arrivait pourtant pas jusqu'au point de la faire
manquer à ses engagements avec la cour de France, qui
l'avait placée près de la reine pour être tenue au courant
de ce qui se passait au palais de Madrid. Les correspondances diplomatiques du temps nous apprennent que cette
dame, sous les yeux de qui passaient toutes les lettres que
la reine recevait de sa famille et les réponses qu'elle lui
adressait, ne se faisait pas faute de rendre compte de leur
contenu au cabinet de Versailles [7].

Malgré cela Louis XIV ni ses ministres n'étaient pas entièrement satisfaits; ils auraient désiré que madame des Ursins
montrât encore plus de zèle pour garantir les intérêts de
la France [8]. Les choses furent même poussées à bout par
la mission du cardinal d'Estrées. Le roi et la reine se ré-
voltèrent contre des exigences portées trop loin, au détriment
de leur propre dignité. Philippe V, après s'en être expliqué
nettement avec le cardinal, n'hésita plus à faire de vives
remontrances à son grand-père, en lui demandant de rappeler cet envoyé hautain et indiscret.

6 « Ces deux femmes (remarque avec une grande justesse madame la comtesse della
Rocca) unirent leurs rares facultés, leur infatigable activité pour soutenir le roi, lui
« conserver le trône, gouverner enfin l'Espagne; et si quelquefois l'ambition de la
« princesse surprit la bonne foi de Marie-Louise, en revanche la loyauté de la reine
« tint plus d'une fois en respect les instincts de madame des Ursins ».

7 « Sono pure avvisato con l'istesso mezzo siccome, non ostante non si abbia un'intiera
« soddisfazione di madama des Ursins, non lascia ella di dar conto di quante lettere
« vengono scritte dalla nostra corte alla regina e di quanto ella rescrive, tutte veden-
« dole essa dama, attesochè così vuole questa corte ». Dépêche du comte de Vernon,
ambassadeur de Savoie à Paris, 19 février 1703 (Archives générales à Turin).

8 Voyez la Lettre de Louis XIV à la reine d'Espagne, du 20 septembre 1704, dans
les Mémoires de Noailles.

On était si peu préparé à Versailles à recevoir de telles communications de la part du roi d'Espagne, qu'on attribua cette démarche hardie à la reine, qui aurait agi d'après les conseils de son père. À defaut de preuve, on s'attacha à un indice. La lettre de Philippe portait un cachet aux armes de la reine; cela suffit pour en induire qu'elle avait été dictée par la reine dans sa chambre, de concert avec madame des Ursins [9]. La qualité de l'investigation marque l'importance qu'on attachait à l'objet [10].

On a supposé, ainsi que nous l'avons déjà remarqué, que la reine pendant qu'elle était régente recevait ses inspirations pour la direction des affaires de madame des Ursins; que, ne pouvant rester seule au milieu d'hommes aux séances du *Despacho*, la *camarera-mayor* y assistait à ses côtés; que celle-ci agissait personnellement sur ce conseil suprême où, par la reine, elle pouvait, même invisible, se faire entendre et commander [11].

Ce que nous avons dit plus haut de l'intelligence et du

9 *Dépêche* du comte de VERNON, 26 février 1703 (*Archives générales à Turin*).

10 L'irritation de la reine contre le cardinal et l'abbé d'Estrées se révèle toute entière dans la *Lettre* suivante, adressée par elle à son père, et datée du 28 février 1703 : « J'ai reçu, mon cher papa, votre chère lettre du premier de ce mois dès la « semaine passée ; mais je n'y réponds qu'aujourd'hui, car j'ai été si affligée de voir « que le roi très-chrétien veut que la princesse des Ursins s'en aille, et tout cela pour « des calomnies et des faussetés du cardinal d'Estrées, qui sont cause que je ne pus « le faire ; et quoique je le sois encore, je ne puis pas demeurer si longtemps sans vous « assurer de toute ma tendresse. Je vous assure que je suis bien enragée contre les « Estrées, qui m'ôtent ce qui faisait ma consolation, et tout cela par cent mille sottises « qu'ils ont eu l'insolence d'écrire en France, où ils se laissent si bien tromper ; car « assurément, si on faisait une fois connaître la vérité au roi, je suis sûre qu'il ne ferait « pas s'en aller la princesse des Ursins, mais les Estrées, qui le mériteraient bien par « leurs procédés.

« Vous voyez, mon cher papa, dans quelle colère je suis, mais le sûr est que je ne « suis ce que je ferai quand la princesse des Ursins s'en sera allée, et qu'on m'aura « mis à sa place quelque Espagnole ou Française qui me fera enrager du matin jusqu'au « soir, avec qui il faudra que je sois toujours sur mes gardes, et qui me fera tous les « piéges qu'elle pourra. Voilà dans quel état je suis ; je vous laisse à en juger, et finis « en vous assurant que, de quelque manière que je sois, je vous aime et aimerai tou- « jours très-tendrement » (*Archives générales à Turin*).

11 Voyez *La princesse des Ursins*, par M. COMBES, pag. 99.

caractère de la reine nous empêche de croire à cet excès d'influence de la part de madame des Ursins. Et pour ce qui tient à la présence de la reine au conseil, l'ambassadeur de Savoie, qui était alors à Madrid, a pris soin de nous transmettre des détails tout à fait contraires à la supposition que nous venons d'énoncer. « Je puis assurer V. A. R., écrivait le commandeur Operti au duc de Savoie dans une dépêche que nous avons déjà citée [12], « que aux conseils de « cabinet les ministres sont étonnés de la sagesse et de l'à-« propos des avis de la reine ; elle n'est pas informée d'avance « des matières dont on doit s'occuper, et n'a personne avec « qui elle puisse en conférer avant la discussion, car *la prin-« cesse des Ursins n'assiste pas aux Juntes*; elle n'entre « dans la salle que pour ôter la housse du fauteuil de la reine « et lui avancer son pupitre; et elle revient à la fin de la « séance pour l'accompagner à sa sortie ».

La reine cherchait constamment à être bien avec Louis XIV; elle lui écrivait souvent. Nous n'avons pas les lettres sous nos yeux, mais nous ne doutons pas qu'elles fussent écrites de façon à plaire au grand roi, qui voulait être admiré, aimé et craint à la fois [13].

[12] 13 juillet 1702 : «. . . . potendo assicurare V. A. R. che nella Giunta di Stato, ove « si trattano di tante materie differenti e gravi, quei Ministri, che son li più consumati « di questa corte, restano trasecolati del suo gran giudizio e discretezza del suo parere, « benchè non resti prevenuta delle materie che devono trattarsi, nè con chi possa con-« ferirle preventivamente, perchè la principessa degli Orsini non assiste alla detta « Giunta, solo entrando a levarle il zendalo della sedia e portarle la scrivania, e poscia « nel finirsi si porta ad accompagnarla ».

[13] Les premières lettres de la reine à Louis XIV (17 janvier 1702) respiraient cette familiarité tendre et aimable, mais respectueuse, dont un bon père doit sentir toute la douceur. Marie-Louise en usa d'abord avec son illustre aïeul comme elle faisait avec sa propre famille. « Mon cher grand papa (lui écrivait-elle), c'est principalement par la « tendresse que j'ai pour vous que je veux m'attirer vos louanges. Je sens qu'elle aug-« mente tous les jours; je souhaite que celle que vous avez pour moi fasse le même « chemin. Si cela est, je ne désespère pas que vous me procuriez un jour les moyens « de vous aller embrasser de tout mon cœur. Vous m'avouerez que cela serait assez « plaisant de voir vos deux petites-filles vous sauter au cou toutes deux à la fois. Ma « sœur aurait sur moi l'avantage d'être plus grande, mais je pourrais bien la gagner

Marie-Louise ne pouvait cependant pas en agir avec lui comme elle l'aurait fait avec sa famille; elle éprouvait le besoin d'avoir près du roi quelqu'un qui l'instruisît amicalement et sans arrière-pensée de la manière dont les affaires d'Espagne étaient envisagées par le cabinet de Versailles.

La duchesse de Bourgogne n'était pas dans le cas de répondre à ce que demandait la reine sa sœur. Elle était trop absorbée par les plaisirs de la cour, et n'aurait pas eu le temps de se charger d'une pareille correspondance. D'ailleurs dans sa situation une grande réserve lui était imposée, et il y aurait eu plus que de l'indiscrétion à chercher de l'en faire sortir.

La reine dut se tourner d'un autre côté, et elle se dirigeait vers le bon chemin; malheureusement elle le trouva fermé.

Nous avons déjà vu que la seconde femme de Philippe d'Orléans, la princesse Palatine, cette rude et franche Allemande, si remplie de bon sens, avait servi de mère pour l'enfant du premier lit de son mari, devenue après duchesse de Savoie. Il était naturel que Marie-Louise, ayant souvent entendu parler dans sa famille des soins protecteurs de cette princesse à l'égard de sa mère, songeât à la choisir pour son conseil préférablement à tout autre. Mais la jeune reine ignorait probablement sur quel pied Madame se trouvait à la cour. Très-mal disposée envers madame de Maintenon, qui la payait de retour, peu aimée, quoique estimée, du roi qui savait d'avoir en elle un censeur plus disposé à la sévérité qu'à l'indulgence, Madame voulait avant tout con-

---

« de la main par ma légéreté ». La reine mettait à la suite de ces cajoleries de bon goût des compliments fort adroits au sujet d'une lettre de madame de Maintenon. L'abbé Millot, après avoir rapporté cette lettre dans les *Mémoires* de NOAILLES, ajoute que « cette lettre dut charmer le roi; mais les siennes eurent toujours la gravité de son « caractère, et c'est apparemment pourquoi la jeune princesse lui écrivit elle-même dans « la suite sur un ton plus sérieux ».

server sa tranquillité [14]. Personne n'était par conséquent moins disposée à compromettre son repos par un commerce de lettres aussi faciles à être saisies qu'à être mal interprétées.

Au grand déplaisir de Marie-Louise, Madame se refusa donc à lui accorder cette aide après laquelle elle soupirait. Nous allons entendre la reine dans la relation qu'elle fit de ce mécompte à sa mère [15] : « Vous savez, ma chère maman,
« combien j'aime Madame, et, la comptant comme une de
« mes meilleures amies, il y a quelque temps que je lui
« écrivis une grande (lettre), lui rendant compte exact d'un
« bout jusqu'à l'autre de tout ce qui s'est passé en ce pays-
« ci depuis l'arrivée du roi, avec un air d'amitié et de con-
« fiance que je croyais lui faire plaisir ; et en même temps
« je la priai de vouloir bien me mander tout ce que l'on
« disait de toutes nos affaires et de quelle manière on parlait
« du roi, de la princesse des Ursins et de moi ; lui demandant
« cela comme une marque de son amitié, et encore beaucoup
« de choses qu'il serait trop long à vous mander. Enfin j'ai
« reçu sa réponse, qui m'a mise dans un grand étonnement :
« elle passe sur ce chapitre on ne peut plus légèrement,
« disant qu'elle est dans les limbes, ne sachant rien de tout
« ce qui se passe. Il semble qu'elle ne veuille point entrer
« en conversation avec moi sur ce sujet et qu'elle ne veut
« en aucune façon m'ouvrir son cœur : je vous avoue, ma
« chère maman, que je n'attendais pas cela d'elle. Je vous
« prie de me mander ce qu'il vous en paraît. Je lui répondis
« hier à cette belle lettre comme je m'en vais vous dire.
« Après lui avoir fait beaucoup d'amitiés, comme à mon or-
« dinaire, je lui dis que je croyais pouvoir lui ouvrir mon

14 Dans les *Lettres inédites de la princesse Palatine*, traduites par A. A. ROLLAND, il y en a une du 24 août 1704, adressée à sa tante l'electrice Sophie, où elle dit : « Je ne peux pas me flatter que sa Majesté m'aime, mais il me fait la grâce de me « souffrir et de me parler poliment ; que puis-je demander de plus ? C'est beaucoup « ici lorsqu'on laisse quelqu'un en paix ; c'est pure faveur ».

15 De Madrid, 29 mars 1703 (*Archives générales à Turin*).

« cœur sur tout ce qui se passait, mais puisqu'elle m'assurait
« être dans les limbes et ne savoir rien des choses du monde,
« que je m'imposais silence. Je crois qu'elle entendra bien
« ce que cela veut dire, et je vous manderai de quelle ma-
« nière elle me répondra ».

La suite de cette correspondance nous manque, mais nous
n'hésitons pas à croire qu'elle a dû être fort restreinte après
ces explications. Il n'en resta pas moins chez Madame une
grande estime pour la reine, dont elle aimait à faire l'eloge
bien des années encore après sa mort.

Les doutes qu'on avait en France sur la sincérité de
Marie-Louise cessèrent dès le moment où son père entra
résolument dans la grande alliance ; on comprit tout de suite
par l'attitude décidée de la reine que la fille, sans renoncer
à l'attachement pour sa famille, n'aurait cependant eu d'autre
politique que celle du roi son époux et de la nation
espagnole.

Le cardinal et l'abbé d'Estrées, munis des instructions
de la France, prièrent la reine de vouloir bien entrer au
Conseil et de prendre une part directe au gouvernement
du pays. Marie-Louise, que nous avons déjà vue assez mal
disposée envers ces deux agents français, s'y refusa. Elle
dit que ce n'était pas là son rôle ; qu'elle n'avait ni l'âge
ni le goût pour le remplir ; que le roi n'étant pas absent,
il n'y avait point de raison pour qu'elle se chargeât de ces
affaires. Elle ajouta cependant que dans des circonstances
graves elle se serait prêtée à faire parvenir au roi les observations qu'on pourrait croire utiles à son service.

Louis XIV lui-même voulut faire encore de nouvelles
instances auprès de la reine pour l'engager à partager en
quelque sorte l'autorité du roi. Il lui écrivit dans ce sens
une lettre toute entière de sa main. Elle répondit avec une
parfaite convenance que son époux était capable de suffire
à tout.

Il fallut alors agir par des moyens indirects et travailler

à gagner par des témoignages de déférence un concours de
volonté qui se dérobait à tout engagement.

Une correspondance fort curieuse nous a été conservée,
qui jette une vive lumière sur ce travail assidu et secret.
Les pièces qui la composent sont toutes adressées au duc
de Gramont, alors ambassadeur à Madrid. Elles appartiennent
au temps de la première absence de madame des Ursins,
dans ces moments d'une difficulté suprème, où la reine,
justement affligée et alarmée de la défection du duc de
Savoie son père, privée des conseils de sa vieille amie, entourée de gens à qui elle ne pouvait se fier, se trouvait
seule en face de l'indolence de son mari [16].

Le duc de Gramont était tranchant comme le cardinal
d'Estrées, ardent, emporté, réclamant tout pour les Français.
L'ambassadeur de France en Espagne se mêlait toujours
des affaires intérieures du pays, et beaucoup au delà de
ce qui peut être permis aux agents diplomatiques.

Il voyait dans la reine le principal obstacle aux vues qu'il
avait sur le cabinet de Madrid, et il outrait dans le portrait
de cette souveraine qu'il traçait ainsi à Louis XIV: « La
« reine, elle n'aime ni la musique, ni la comédie, ni la con-
« versation, ni la promenade, ni la chasse, à seize ans!... Elle
« ne veut que gouverner le roi et la nation, et, quant à
« Philippe V, esprit juste mais paresseux, faible, irrésolu,
« il la craint à l'excès, et, tant qu'il l'aura, il sera un enfant
« de six ans et jamais un homme [17] ». L'excès de sévérité

16　Cette correspondance secrète se compose de plusieurs billets de Louis XIV, tous
adressés au duc de Gramont pendant son ambassade à Madrid (1704-1708). Ces billets
sont dictés par le roi ou écrits en son nom, comme l'étaient souvent alors les dépêches
ordinaires; le nom du roi y est dissimulé sous de singuliers pseudonymes, précaution
utile dans ce temps où le secret des postes était fort mal gardé. Ces billets ont été
communiqués par M. le comte de Gramont d'Aster à M. A. GEFFROY, qui les a publiés
à la suite des *Lettres inédites de la princesse des Ursins.*

17　Ce fragment de lettre, tiré des manuscrits NOAILLES, Tom. XXI, 29 lettre, est rapporté
par M. COMBES, *La princesse des Ursins*, pag. 192. Il est faux que la reine n'eût d'autre
goût que celui des affaires. Dans la correspondance avec sa grand'mère, publiée par
madame la comtesse della ROCCA, on voit qu'elle aimait à rire et à travailler; elle
s'occupait aussi particulièrement de musique.

cache ici aussi bien le dépit que l'aveu de l'insuffisance de l'ambassadeur à s'emparer de l'esprit de la reine. Celle-ci à son tour, sachant à qui elle avait affaire, n'épargna à M. de Gramont ni les difficultés ni les dégoûts; elle fit avorter tous ses projets. L'ambassadeur dut avaler ces couleuvres; en s'en plaignant avec le prince de Vaudémont, il reconnaissait avoir été traité par la reine en « franc ga- « lopin et en avoir reçu de continuelles étrivières », et il s'apprêtait à « faire la figure d'un lanlerre [18] ».

Les griefs de la reine contre l'ambassadeur n'étaient que trop établis, si l'on songe que le duc de Gramont avait engagé Philippe V à écrire secrètement à Louis XIV dans un sens tout différent de ce que la reine faisait, de l'aveu de son mari. Le roi se prêtait à ce manége, indigne de lui, de crainte de se brouiller avec l'ambassadeur. À force d'être faible, il devenait faux et menteur.

Or, pour revenir aux billets de Louis XIV, il faut dire qu'on y désigne constamment la reine sous le nom de *l'Esprit,* et Philippe V sous celui de la *Bonté.*

C'est d'après cette espèce d'antithèse que nous avons intitulé notre Chapitre. Quelques citations nous montreront combien on était gêné en France par ce qu'on appelait l'entêtement de la reine, qui n'était autre chose que la fermeté de son jugement.

« Les gens sages voient avec douleur l'entêtement de « l'Esprit; il ne faut pas se flatter qu'il passe sitôt. Il me sem- « ble qu'il se faut conduire comme si on ne le voyait pas et « qu'on ne le sût pas.... La faiblesse de la Bonté fait beau- « coup de peine à ses serviteurs. Il y a peu de remède [19] ».

18 *Lettre* du 4 mars 1705, publiée par M. Geffroy à la suite des *Lettres inédites de la princesse des Ursins ,* pag. 476. — Dans l'*Histoire d'Espagne* de M. Paquis (Paris 1838. Tome 2, p. 431) on lit que « la reine, indignée de cette mesure (l'ordre de faire éloigner madame des Ursins) ne daigna pourtant pas se plaindre; mais elle « se vengea en saisissant toutes les occasions de contrarier le nouvel ambassadeur fran- « çais, duc de Gramont ».

19 *Lettre* 24 juillet 1704, signée Baron de la Roquette.

« Il faut toujours ménager l'Esprit [20]; je suis fâché
« que votre bonne intelligence avec l'Esprit ait si peu
« duré. Il faut tâcher de raccommoder ce que la lettre de
« la confidente a gâté [21] ».

« Dissimulez et flattez l'Esprit pour ne le pas aigrir...
« Il faut encore avoir de la patience et nous ménager avec
« la Bonté; car, puisqu'on ne peut pas espérer qu'il agisse
« seul, il ne faut pas qu'il nous brouille avec l'Esprit
« en lui disant les bons conseils que vous pourriez lui
« donner [22] ».

Nous n'irons pas plus loin dans la recherche des preuves de
ce que la reine pouvait et faisait à la cour de Madrid. Il est
évident qu'elle y représentait les vrais intérêts espagnols;
qu'elle voulait être l'alliée et non l'esclave de la France.

Il nous reste peu à dire sur *la Bonté* après ce que
nous venons de lire. Ceux qui voudront connaître à fond
le caractère de Philippe V n'auront qu'à contempler l'image
frappante que Saint-Simon nous en a laissée dans ses Mémoires [23]; c'est un vrai tableau de Rembrandt.

L'étude suivie que nous avons faite des documents historiques de cette époque nous persuade que Saint-Simon a
très-bien saisi et parfaitement rendu la physionomie de cet
homme froid, silencieux, triste, sobre, qui n'est touché d'aucun
plaisir, rarement touché d'autrui; en qui l'opiniâtreté cède
à la faiblesse, et dont le bon sens naturel est rendu im-
puissant par le défaut de volonté.

---

[20] *Lettre* 31 août de la même année, signée L'EPINE BLANCHE.

[21] *Lettre* du 22 octobre de la même année, signée LESPINE.

[22] *Lettre* du 4 janvier 1705, signée LAFONTAINE AU BOIS. Dans cette correspondance
très-intime, et où l'on évitait jusqu'à la répétition des pseudonymes dans les signatures,
Louis XIV était désigné sous le nom de *L'ami*; le duc de Gramont sous celui de *Le
Basque*; le comte de Tessé y était appelé *Le voyageur*, et madame des Ursins *La
Confidente*. — Il faut voir, quant à ces dispositions de ménager la reine, la lettre de
Louis XIV au duc de Gramont, du 6 janvier 1704, dans les *Mémoires* de NOAILLES: on
y lit : « La reine sera toujours maîtresse de son esprit (du roi). Il faut plutôt songer
« à se servir du pouvoir qu'elle conservera que de tâcher inutilement de le détruire ».

[23] Dans le *Tableau de la Cour d'Espagne en* 1721.

Louis XIV, en envoyant son petit-fils en Espagne, lui avait donné des instructions personnelles, parmi lesquelles il y avait celle-ci : « Marié, ne vous laissez point gou- « verner : c'est une faiblesse et un déshonneur. On ne le « pardonne pas aux particuliers, et les rois, exposés à la « vue du public, en sont encore plus méprisés quand ils « souffrent que les femmes dominent [24] ».

Le grand roi n'avait pas le pouvoir de changer la nature : autant aurait-il valu recommander à son petit-fils de n'être pas bossu.

Philippe V fut donc ce qu'il pouvait être, et beaucoup mieux qu'il n'aurait été s'il n'avait eu l'assistance d'une femme qui lui communiquait ses lumières et son énergie; d'une femme qui, dès les premiers jours de son mariage, comprit si bien ce qui manquait à son époux qu'elle écrivait à Louis XIV : « Je supplie très-humblement votre Majesté « de se servir de toute l'autorité qu'elle a par tant d'endroits « sur le roi son petit-fils pour qu'il s'accoutume bien à dire « d'un ton hardi *Je veux* ou *Je ne veux pas;* enfin qu'il « tâche de vous imiter. Ce sera un prince parfait, s'il y « peut parvenir [25] ».

Dans le langage des courtisans, qui est celui de la flatterie, on qualifie souvent de bonté ce qui n'est que de l'indiffé- rence et de l'apathie. On sait gré aux princes de ne pas se montrer durs sans raison et de se plaire à donner ce dont ils ne savent que faire. C'est forger du mérite à bon marché.

Cela nous fait ressouvenir de cette maxime de la Roche- foucauld [26] : « Nul ne mérite d'être loué de sa bonté s'il n'a

---

[24] *Mémoires* de NOAILLES, tom. 2. — On y a inséré tout au long une *Lettre* du 13 novembre 1701, dont le contenu se résume dans ce que nous avons porté dans le texte. Ainsi que nous l'avons déjà dit, l'abbé Millot a avoué lui-même qu'il s'est tenu à la *substance* des documents; il paraît donc qu'on pourrait douter de la précision absolue de la forme dans laquelle il les rend.

[25] *Lettre* du 24 novembre 1702, dans les *Mémoires* de NOAILLES.

[26] *Maxime CCXXXVII.*

« pas la force d'être méchant. Toute autre bonté n'est le
« plus souvent qu'une paresse ou une impuissance de la
« volonté ».

Nous nous abstiendrons donc de louer la bonté de Philippe.

CHAPITRE VIII.

Le Gouvernement espagnol.

C'est une triste histoire que celle de l'Espagne depuis l'abdication de Charles-Quint jusqu'à la mort de Charles II, et un douloureux spectacle que celui d'un gouvernement qui paralyse les forces d'un pays appelé par la nature aux plus belles destinées.

. Philippe II fut le premier auteur de cet abaissement de l'Espagne : il façonna la royauté à son image ; elle devint sombre et défiante ; despote par goût plutôt que par principes, il crut assurer son pouvoir en humiliant et en persécutant ceux qui auraient pu lui résister. Il détruisit toute confiance autour du trône et la remplaça par la crainte. Mais Philippe II avait l'art et la force de régner par lui-même, ce qui manqua complétement à ses successeurs.

Philippe III fut gouverné par le duc de Lerme, et son fils Philippe IV par le duc d'Olivarez. Charles II n'eut pas même la force de se donner un gouverneur ; pitoyable exemple d'impuissance physique, intellectuelle et morale, il n'eut d'autre occupation dans sa vie que celle de se choisir un successeur.

Nous avons déjà dit à quelle misère se trouvait réduite l'Espagne, dans ses conditions économiques et financières, au moment de l'avénement de Philippe V. Nous allons voir maintenant quelle était l'organisation du gouvernement de ce pays.

Les Conseils à Madrid et les Vice-royautés dans les provinces : tels étaient les ressorts principaux de cette grande machine usée autant par le temps que par les défauts inhérents à sa constitution.

Les différents Conseils avaient, chacun, leurs propres attributions; le titre suffira pour les faire connaître.

Il y avait le Conseil d'État, le Conseil de guerre, les Conseils de Castille, d'Aragon, d'Italie, de Flandre, des Indes; des ordres chevaleresques ; de la *Hacienda* ou administration des biens de la Couronne et de l'État; de la croisade ou des rétributions qui se percevaient à ce titre; de l'Inquisition qui, tout en ayant un objet religieux, se transformait en direction de police; la Junte ou Conseil *d'Aposento,* composée des *aposentadores de casa y corte,* c'est-à-dire des officiers chargés du service de la cour; la Junte des *alcaldes* ou juges; celle de Madrid etc.

Tous ces différents Conseils avaient fini par exercer une autorité presque absolue. La royauté, s'étant rendue invisible, avait perdu toute action personnelle sur la direction des affaires; on ne lui faisait plus connaître, ainsi que l'a très-bien remarqué M. Mignet [1], les événements que par des rapports, les hommes que par des défiances.

La multiplicité des formalités et la lenteur des discussions entravaient les délibérations, comme l'existence des nombreux priviléges en embarrassait l'exécution. Ce qui aurait du être une garantie du bon emploi de la faculté d'examen devenait la sanction des abus introduits par l'usage.

La responsabilité collective des conseils et des assemblées delibérantes se réduit à rien, et le despotisme qu'elles exercent quelquefois est de la pire espèce, car il s'appuie sur la décevante apparence du droit des majorités.

Les assemblées nombreuses formées par l'élection sont généralement dominées par l'idée de la popularité; celles plus restreintes, composées de fonctionnaires nommés par

---

[1] *Introduction à l'Histoire de la succession d'Espagne, et Tableau des négociations relatives à cette succession sous Louis XIV.*

le souverain, sont toujours gouvernées par l'esprit de corps. Les unes se perdent en se confiant trop dans leurs forces, les autres se gâtent en briguant trop les faveurs du maître.

Les conseils d'Espagne que nous venons de nommer avaient encore cela de très-mauvais qu'ils réunissaient en eux le pouvoir judiciaire et l'autorité administrative. Par les formes de la procédure ils entravaient la marche de l'administration, et en se fixant sur l'intérêt du gouvernement ils perdaient de vue celui de la justice.

L'autorité principale était concentrée dans le conseil de Castille, de sorte que l'on a pu dire que c'était son esprit qui régnait en Espagne.

La qualité des personnes dont se composaient les conseils ajoutait encore des difficultés à la régularité de leur service.

Les premières places y étaient toujours occupées par des Grands d'Espagne ou par des personnes appartenant aux principales familles. L'importance personnelle de quelques individus se faisait sentir dans le maniement des affaires. Le cumul de fonctions très-disparates était fréquent; les charges de cour se joignaient aux emplois administratifs; les dignités ecclésiastiques aux offices politiques ou judiciaires. Quelquefois même des commandements militaires s'ajoutaient à l'exercice d'attributions d'un genre opposé.

Le cardinal Porto-Carrero, archevêque de Tolède, chef du Conseil de cabinet, était colonel titulaire d'un régiment de cavalerie et chargé de la haute surveillance des services militaires.

L'influence de la cour sur le mouvement des affaires était énorme. Pour s'en faire une idée, il suffit de regarder quelle était la vie du roi au palais de Madrid. Il y avait là un concours permanent ou plutôt un encombrement de courtisans; magnifiques oisifs, dont l'activité passagère ne se révélait que par des intrigues. L'institution de la *Grandesse,* qui reposait sur une base si futile, n'en devenait pas moins tour à tour une cause de faiblesse ou un motif d'agitation pour le gouvernement [2].

Les grands entouraient le roi toutes les fois qu'il se montrait en public. Mais les Français attachés au service personnel des souverains étaient seuls admis dans l'intimité; ils avaient le talent d'amuser les maîtres mieux que les Espagnols, et l'occasion de se faire beaucoup d'ennemis. Ce qui primait en tout, tant pour la cour que pour l'État, c'était la présence continuelle de la reine; une influence entière, que ce tête-à-tête immuable, ainsi que l'appelle Saint-Simon, portait sur toutes les affaires du pays et sur celles des particuliers.

Qu'on ne s'étonne pas si nous n'avons point fait entrer en première ligne, en parlant du gouvernement, les assemblées des Cortès, ancienne représentation politique des différents royaumes ou provinces de la péninsule espagnole. La réunion de ces assemblées était tombée presque en désuétude pendant les derniers règnes des princes de la dynastie autrichienne. Elles n'étaient pas du tout du goût des chefs du gouvernement, qui craignaient toujours l'explosion de quelque opposition; elles l'étaient peu de celui des membres des Cortès eux-mêmes, qui savaient qu'on ne les convoquait que pour en tirer de l'argent.

Le sentiment national s'était fort affaibli en Espagne depuis le règne de Charles-Quint. Tout s'était obscurci, tout y avait dépéri; on y gouvernait par et pour l'Inquisition. Le développement d'une opinion publique libre et courageuse aurait paru alors un contre-sens. On l'aurait envisagée come la ruine du pays et condamnée comme un foyer de rébellion. Tels étaient les sentimens des hommes du pouvoir,

---

2 Au fond, la grandesse d'Espagne n'était qu'une distinction de cour; ce n'était ni une dignité ni un office. Elle ne pouvait s'assimiler ni aux ducs et pairs de France ni, moins encore, à la pairie anglaise. On lira dans la suite de cet ouvrage une lettre de la reine, dans laquelle elle explique en détail les priviléges de la grandesse.

ne demandaient qu'à ne pas sortir de l'ornière dans laquelle ils s'étaient traînés jusqu'alors.

Mais le changement de dynastie ne manquait pas de réveiller quelques désirs de rompre avec un passé dont on avait tant à se plaindre. On en revenait naturellement à ces idées qui pour avoir été repoussées mille et mille fois n'ont jamais perdu de leur vivacité naturelle; on songea à chercher dans la réunion des Cortès un remède efficace à des maux qu'il avait été impossible de guérir par d'autres moyens.

Dès les premiers jours qui suivirent l'avénement de Philippe V [3] il fut question d'établir une meilleure forme dans la levée des impôts ou droits royaux, et de supprimer plusieurs abus qui s'étaient glissés dans leur perception.

Dans cette vue, attendu le manque absolu en Espagne d'hommes capables de diriger une pareille opération, le cardinal Porto-Carrero demanda au cabinet de Versailles un financier d'un mérite reconnu; on choisit pour cela M. Orry, à qui on reconnaissait les qualités requises, mais dont on redoutait l'impatience et l'impétuosité.

Les Espagnols, qui n'étaient pas dans le cas de proposer d'autres choix, n'en voyaient pas moins avec irritation des étrangers placés à la tête des affaires du pays; on sait que, moins ces rancunes sont fondées, plus elles dominent les esprits prévenus.

Les grands songèrent donc à réveiller l'amour-propre national, en proposant d'assembler les Cortès de Castille. Le marquis de Villena, esprit droit, zélé, homme instruit et de la plus illustre naissance, fut l'auteur de ce conseil.

Cet homme d'État disait qu'il fallait corriger plusieurs abus et faire de nouvelles lois conformes à la nécessité des temps; que ces lois, publiées du consentement des peuples, seraient exécutées inviolablement; et qu'on devait en attendre les plus grands avantages par une meilleure régie dans la

---

[3] En 1701.

levée des impôts, parce que personne n'ignorait le mauvais
état du trésor royal, à la veille d'une guerre inévitable au
dedans et au dehors de l'Espagne; qu'il était juste que le
roi conservât les priviléges de la nation, et que les peuples
en seraient persuadés lorsqu'un nouveau serment les leur
assurerait; qu'il serait inutile d'en ajouter de nouveaux aux
anciens, puisque les Castillans, malgré le petit nombre qui
leur en était resté, ne s'en souciaient pas autant que les
peuples dépendants de la couronne d'Aragon; qu'ainsi le roi
pouvait sans danger assembler les Cortès [4].

On ne crut pas devoir résoudre cette grave question
sans connaitre auparavant l'avis du roi de France, qui ne
jugea pas à propos de s'expliquer. Il répondit qu'il fallait
être né en Espagne pour en connaître les finances; que sur
le reste le roi catholique devait se conduire par les lumières
de son Conseil d'État et du Conseil de Castille. L'affaire
fut en conséquence portée devant ces deux Conseils, qui à
une grande majorité rejetèrent la proposition. On craignit
d'affaiblir l'autorité du roi et d'augmenter les prétentions
du peuple, qui se montrerait plus soucieux de se soustraire
aux tailles que de subvenir aux besoins de l'État. On dit
qu'au lieu d'exciter la reconnaissance on ne ferait que des
mécontents; et en adoptant une résolution négative on se
conforma au goût du roi et de ses plus intimes conseillers.

Les populations des Castilles aspiraient moins à des changements qu'à la conservation de leurs priviléges et à jouir
du bienfait de la résidence du souverain parmi eux. Les Aragonais se tenaient tranquilles, tout en se montrant un peu
plus exigeants; ils voulaient jouir aussi le plus qu'ils pouvaient de leurs priviléges et se charger le moins possible

---

4 Nous avons suivi presque textuellement dans ce récit la narration du marquis de
SAINT-PHILIPPE (*Mémoires pour servir à l'histoire d'Espagne sous le règne de Philippe V*, Amsterdam 1756, tom. 1, pag. 108 et suivantes). — L'exposé de cette question avec les raisonnements qui l'accompagnent parait être d'aujourd'hui; tant il est
vrai qu'il y a peu de nouveau en politique.

de nouvelles contributions. En Catalogne on aimait avant tout cette espèce d'indépendance à laquelle la principauté avait été accoutumée depuis longtemps. Les revenus de l'État y allaient en grande partie à profit de la province en vertu d'anciennes concessions.

Ainsi que nous l'avons vu, les Cortès avaient été assemblées tant en Aragon qu'en Catalogne sans aucune atteinte à l'autorité royale. Les nouveaux souverains purent se convaincre que leur dynastie n'avait rien à craindre, pourvu que le gouvernement ne sortît pas des bornes de la modération.

La convocation des Cortès de Castille n'ayant pas eu lieu, le gouvernement central du royaume, sauf l'admission de quelques Français à y participer, resta à peu près tel qu'il était auparavant.

Les grands avaient bien compris que la royauté nouvelle aurait apporté quelque changement à l'ancien système; pour essuyer le moins possible de pertes dans leurs prérogatives, aussi confusément établies qu'avidement exploitées, ils se montrèrent disposés à seconder les vues du roi.

Le cardinal Porto-Carrero, qu'on croyait alors entièrement dévoué à la cour de France, était très-mal vu des grands, qui lui reprochaient d'abuser de sa faveur auprès du roi pour enrichir sa famille et ses partisans.

Mais tout le monde était tenu en respect par la crainte de Louis XIV qui, au début du règne de Philippe V, disposait de tout en Espagne.

Quelques années après l'influence française pliait en face de l'influence nationale exercée par la reine au grand avantage du roi.

Les vastes provinces placées en dehors de l'Espagne et soumises à sa souveraineté étaient gouvernées par des vice-rois ou par d'autres hauts fonctionnaires.

Nous ne parlerons que des vice-royautés d'Europe.

Quant à celles du nouveau monde, nous nous bornerons à dire que, placées au sein de provinces d'une richesse fabuleuse [5], elles avaient pour objet principal de fournir les chargements des galions d'où l'Espagne tirait le moyen de se maintenir tranquillement dans sa nonchalance et dans son oisiveté.

La Flandre était l'opposé de l'Espagne. L'amour de la liberté y était aussi développé que l'industrie ; la fertilité du pays et l'activité des habitants y avaient tellement multiplié les villes [t] et les bourgs que les Espagnols, qui y suivirent Philippe II, crurent d'abord que toute la Flandre n'était qu'une ville.

Le gouvernement espagnol ne sut ni gouverner ni défendre cette province qui, après avoir été ensanglantée par des répressions violentes de séditions provoquées par l'imprudence du souverain, devint le théâtre de guerres sans cesse renaissantes. Il serait difficile d'assigner en dehors de ces faits un caractère particulier à l'administration espagnole sur le territoire flamand.

En Italie les vices-royautés de Sicile et de Naples et le gouvernement du duché de Milan offrirent pendant longtemps le triste exemple d'un système de corruption sociale. On trouverait dans les satrapies de l'ancien royaume de Perse des analogies frappantes avec ce genre d'exploitation d'un pays au profit d'un autre.

Ces administrations, que nous appellerons souverainetés de seconde main, subordonnaient sans cesse à une utilité apparente et aux intérêts de la cour d'Espagne le développement et le progrès naturel des forces propres de ces pays. On ne se bornait puis pas toujours aux avantages de la couronne ; le plus souvent même on s'occupait des intérêts de ceux qui commandaient en son nom, à une aussi

5 Nous rapportons, sans le garantir, le fait suivant, que nous trouvons dans un aperçu sur le Pérou publié par un homme d'État de ce pays (*Cenni storici, geografici, statistici del Perù* per Giuseppe DAVILA CONDEMARIN. Torino, 1860): « On dit qu'en « 1682, à l'occasion de l'entrée dans la ville de Lima du vice-roi, duc de la Palata, « les marchands firent paver les deux rues par lesquelles il devait passer avec des « lingots d'argent d'une valeur de plus de 400 millions ».

grande distance de la personne du roi. Un écrivain allemand, qui vivait à cette époque, auteur de profondes recherches sur les matières fiscales [6], nous a laissé des récits impartiaux sur les abus effrénés du gouvernement espagnol en Italie. Il se résumait par un proverbe alors en vogue: « Les mi- « nistres du roi rongent en Sicile, mangent à Naples et dé- « vorent à Milan ».

Le gouvernement se montrait sans cesse empressé à se débarrasser de toute intrigue et de tout ennui, à diminuer les dangers de la concurrence et des rivalités, et surtout à empêcher que des voix importunes ne se fissent entendre à Madrid pour réclamer contre les abus et les injustices. Ainsi dans une pragmatique publiée à Naples en 1620 on recommande au nom du roi « qu'aucun habitant du royaume « ne se rende en personne ou n'envoie des agents particu- « liers à la cour de sa Majesté pour obtenir des emplois « ou des charges; parce que tous ceux qui iront ou en- « verront des agents seront exclus de leurs demandes par « sa Majesté ». Le remède, comme on voit, était radical. À de tels ordres pouvait servir de commentaire la réponse d'un gouverneur du duché de Milan à un Milanais qui re- venait de Madrid porteur d'une dépêche en sa faveur: « Le « roi commande à Madrid, moi à Milan [7] ».

Les vexations étaient érigées en maxime de gouverne- ment [8].

De son côté le peuple de Naples protestait par des cla- meurs et par des révolutions contre cette malheureuse do- mination. D'abord le fardeau des impôts et des octrois fut la cause de l'émeute; de plus vastes desseins de liberté po- litique produisirent ensuite de plus sérieuses agitations, et on en vint à l'établissement d'une république éphémère.

---

6 Gaspard KLOCHIUS, *de Aerario*, Norimbergæ 1671. Lib. 1, cap. 6, n.° 17.

7 VERRI, *Mémoires sur l'économie politique de l'État de Milan*, § 4.

8 « Era massima di Stato in Ispagna che il regno di Napoli sempre travaglia chi « nol travaglia; perciò sempre il travagliavano ». BOTTA, *Storia d'Italia*, an. 1647.

Enfin peu s'en fallut que le jeune duc de Guise ne rétablît à Naples une monarchie séparée de l'Espagne.

Ce retour à l'ancienne indépendance aurait été conforme aux vœux et aux intérêts de ce pays, autant favorisé par la nature que maltraité par le gouvernement.

Sans entrer dans des détails particuliers sur le gouvernement de Milan, il suffira de noter que le peuple n'y était pas moins opprimé qu'à Naples, bien qu'il se montrât plus soumis. Un écrivain italien de nos jours, homme de génie, a tracé dans des pages admirables, sous la forme d'un simple roman, le tableau fidèle de l'état misérable auquel le duché de Milan avait été réduit sous le gouvernement espagnol [9].

Ainsi les provinces séparées du continent espagnol étaient à la merci de la cour de Madrid et de ses délégués. À Madrid les grandes affaires se traitaient au *Despacho* ou Conseil de cabinet, composé d'un très-petit nombre de ministres travaillant directement avec le roi ; les affaires ordinaires traînaient dans les Conseils.

Le roi, tant par son propre caractère que par le genre de vie qui lui était imposé par l'étiquette qui réglait toutes les heures de sa journée, subissait l'influence de son entourage. Heureusement pour lui, la reine etait là, dont l'esprit ferme et délicat [10] pouvait l'alléger de son fardeau de gouvernement et le diriger dans les circonstances les plus difficiles.

En parlant de la cour de Madrid, il faut sans cesse s'arrêter sur des questions d'étiquette, dont les lois étaient plus respectées que celles de l'État : à Versailles on se livrait

---

9 MANZONI, *I promessi Sposi.*

10 « L'esprit de la reine et, peut-être, son cœur seraient naturellement portés au « plaisir et à faire vivre sa cour avec la communication que les femmes ont en France « avec le monde, et comme cette princesse l'a vue en Piémont. Les Espagnols sont to- « talement contraires à cet usage, qu'elle établirait malgré eux, si le roi de son « côté n'était plus particulier encore que les Espagnols ». *Mémoire du maréchal de* TESSÉ *sur la Cour et les affaires d'Espagne, porté par le marquis de Montcvrier à M. de Chamillart, daté du camp devant Gibraltar le 11 avril* 1705 (*Mémoires de* TESSÉ).

à l'attrait des fêtes, à Madrid on pliait sous le joug du cérémonial. Ainsi que nous l'avons annoncé, on ne saurait oublier de parler ici de deux innovations en matière de simples formalités, qui devinrent la source d'une vive opposition de la part des courtisans.

La première de ces innovations, qui prit bientôt les proportions d'une affaire d'État, est celle qu'on appela la question du tabouret (*banquillo*). Le roi avait fait donner [11] au prince de Sterclaês, en qualité de capitaine des gardes du corps, un tabouret à sa chapelle, en avant des bancs des grands, et proche de sa personne. Cette nouveauté les blessa sensiblement; ils présentèrent une requête au roi, dans laquelle ils se plaignirent de cet affront; quelques-uns même déclarèrent qu'ils ne se trouveraient plus à la chapelle, c'est-à-dire à ces fêtes d'église qui étaient considerées comme des réunions officielles. On se piqua de montrer une opposition déclarée aux volontés du roi. Le duc de Medina-Cœli, un des premiers personnages du cabinet et de la cour, y prit fait et cause. Le duc de Sessa et le comte de Lemos, qui étaient eux-mêmes capitaines des gardes du corps, se démirent de leurs charges pour joindre leurs réclamations à celles des grands, leurs collègues. Il en resta un levain qui produisit plus tard de funestes divisions dans l'État, et l'affaire du *banquillo* dut par là être consignée dans l'histoire.

A l'affaire du *banquillo* succéda celle que nous appellerons de la *golilla*. Philippe V et ceux qui formaient son entourage intime n'aimaient point le vieux costume espagnol; ils voulaient y substituer l'habit français. Ce changement ne plaisait pas à la masse du peuple, extrêmement attachée à ses anciens usages. Les peuples qui vivent séparés des autres nations, qui gardent le culte de leurs vieilles traditions, ont de la peine à se défaire de ces signes caractéristiques. La nouvelle mode finit cependant par triompher à la cour; on y quitta le costume sombre

[11] En 1705.

et ce grand col empesé que l'on voit dans les magnifiques portraits de Velasquez; mais ce fut encore une affaire d'État que cette nouveauté d'habillement; les ministres étrangers résidants à Madrid en firent mention dans leurs dépêches.

De tous les membres du cabinet, le seul marquis de Manzera, président du Conseil d'Italie, obtint la permission de ne pas quitter la *golilla*. Il avait quatre-vingt-seize ans; en faveur de son grand âge il obtint le privilége de ne rien changer à son habillement.

Au milieu de toutes ces résistances, grandes et petites, en dépit de la routine et de l'étiquette, des réformes considérables dans l'administration du royaume étaient préparées et exécutées avec une certaine ténacité, si ce n'est avec une grande promptitude.

La mission du cardinal d'Estrées en Espagne avait produit un effet contraire à celui que Louis XIV s'était proposé. On avait voulu établir un tuteur auprès du roi d'Espagne, et on ne fit qu'accroître en lui la volonté de se débarrasser de ces hôtes incommodes qui se succédaient à sa cour [12].

On songea alors à Versailles, ainsi que nous l'avons déjà dit, à engager la reine à prendre plus ostensiblement la direction des affaires. Mais on ne parvint pas à faire sortir Marie-Louise de la ligne qu'elle s'était tracée; elle tenait à ce que le roi suivît ses conseils sans avoir l'apparence d'exercer de son chef aucune autorité [13].

[12] La *Lettre* de Louis XIV à Philippe V, du 4 février 1703, qui se trouve dans les *Mémoires* de NOAILLES, est une preuve de l'importance que le roi de France attachait à la mission du cardinal d'Estrées. Louis XIV ne s'y montre plus, ainsi qu'il le faisait dans ses autres lettres, le père affectueux, mais bien plutôt le souverain préoccupé de l'idée de voir son autorité compromise. Voyez aussi dans les mêmes *Mémoires* la *Lettre* de la reine d'Espagne à Louis XIV, concernant les intrigues et les *impostures* de ce cardinal.

[13] Dans la *Lettre* de la reine à Louis XIV, du 25 juillet 1704, elle s'explique plus clairement à ce sujet: « Je me donne l'honneur d'écrire à votre Majesté (dit-elle) pour « Lui rendre compte de ce que le duc de Gramont m'a dit de sa part, qui est qu'Elle

Des changements importants eurent lieu aussi dans la composition du cabinet.

À la suite de la mission du cardinal d'Estrées, et par l'effet des nouvelles combinaisons politiques qui se produisirent au retour de madame des Ursins, on vit s'éloigner de la cour les trois personnages qui avaient le plus contribué à porter au trône d'Espagne le duc d'Anjou. Le cardinal Porto-Carrero se retira dans sa résidence archiépiscopale de Tolède; le bailli Arias prit possession de son archevêché de Séville; et le marquis de Rivas perdit sa place de ministre du *Despacho*, qui fut donnée au marquis de la Mejorada, fils de don Pedro Fernandez del Campo, qui avait exercé les mêmes fonctions sous Philippe IV et pendant la minorité de Charles II.

On chercha à placer à la tête de l'administration des hommes capables d'arrêter le désordre et d'empêcher les dilapidations. On tâcha de réduire les dépenses, en diminuant le nombre excessif des employés et la quantité des traitements. On s'efforça d'augmenter les revenus de l'État, en révoquant des concessions désastreuses. Ces changements d'habitudes invétérées ne s'opéraient pas sans quelques dangers, puisqu'ils provoquaient le mécontentement chez des hommes puissants, intéressés à maintenir ces abus.

Nous allons voir maintenant se dérouler de grands événe-

« veut absolument que je me mêle dans les affaires du roi son petit-fils. Vous savez
« mieux que personne la répugnance que j'ai à le faire, non-seulement parce que na-
« turellement cela n'est pas de mon goût, mais encore parce que je me connais et je
« sais que je ne suis nullement capable de donner, sur quelque chose que ce soit,
« mon sentiment. Malgré toutes les bonnes raisons que j'ai, le duc de Gramont m'a
« tant pressée et m'a tant dit que vous le voulez et seriez fâché si je ne le faisais pas,
« que je me vois obligée à obéir à vos ordres, quoique avec une peine infinie. Mais
« ce que je vous demande c'est que je ne me mêle des affaires qu'en particulier avec
« le roi, et que cela ne paraisse pas au dehors, pour que le roi n'en ait pas moins de
« gloire etc. ». *Mémoires* de NOAILLES. — Il est à remarquer que ces instances se faisaient
quand la princesse des Ursins était absente, ce qui prouve qu'on appréciait la haute
capacité de la reine pour diriger elle seule les affaires d'État. — On a déjà vu combien
le duc de Gramont changea depuis dans sa conduite envers la reine.

ments, dans le cours desquels la reine soutint courageusement les épreuves de la mauvaise fortune. Elle était déstinée à partager tous les dangers que courait son époux et à quitter la vie au moment où elle aurait pu jouir d'une heureuse tranquillité, achetée par dix ans de travaux et d'agitation.

CHAPITRE IX.

Le duc de Savoie se détache de la France; il entre dans la grande alliance — La guerre éclate en Espagne — Deuxième régence de la reine.

La bonne entente entre Louis XIV et Victor-Amédée était depuis longtemps ébranlée. Le roi était persuadé que le duc n'attendait qu'une occasion favorable pour se déclarer contre lui; le duc était convaincu qu'il n'obtiendrait de la France qu'une protection douteuse, achetée au prix de sacrifices énormes. Les hauteurs de Louis XIV et de Philippe V, et let on inconvenant des ministres de France, surtout de M. de Phélippeaux, ambassadeur à Turin, avaient fini par pousser à bout Victor-Amédée[1]. Sans se décider encore à changer de parti, le duc ne fermait plus l'oreille à des propositions plus avantageuses que ne cessaient de lui faire l'empereur et la reine d'Angleterre.

Les négociations secrètes, les détours d'une politique multiforme, répondaient à ses intérêts ainsi qu'à son humeur.

Il avait besoin de se ménager des ressources pour profiter de toutes les éventualités; il aimait à joindre les cachotteries, les rendez-vous nocturnes, et les petits manéges aux vastes négociations et au grand jour des batailles.

Dès l'été de 1703, le comte d'Auersperg, envoyé de l'empereur, était arrivé secrètement à Turin; on l'avait logé à l'hôtel du marquis de Prié, dans le même endroit où quelques

---

[1] Voyez le *Mémoire contenant les intrigues secrètes et malversations du duc de Savoie, avec les rigueurs qu'il a exercées envers M. de Phélippeaux, ambassadeur de France auprès de lui à Turin,* dans le second volume des *Mémoires* de Tessé. — Ce Mémoire, rédigé par M. de Phélippeaux, est adressé à Louis XIV; il est daté d'Antibes, du 15 au 21 mai 1704, c'est-à-dire aussitôt après qu'il fut échangé contre M. de Vernon, ambassadeur de Savoie à Paris.

années auparavant s'était tenu caché le comte de Tessé, chargé par le roi de France d'une mission du même genre que celle de M. d'Auersperg. Il s'agissait alors de séparer le duc de l'Autriche pour l'attacher à la France ; il était question maintenant de reprendre l'alliance qu'on avait quittée ; jeu de bascule dont l'usage ne s'est jamais perdu [2].

Quelles que fussent les précautions prises pour que l'on ignorât la présence de l'envoyé autrichien, la police active qui s'y faisait par les agents français ne se laissa pas prendre au dépourvu ; des avis furent transmis à Versailles que quelque chose se tramait à Turin contre la France. La duchesse de Bourgogne en fut informée ; elle entra chez madame de Maintenon en s'écriant qu'on l'avait blessée mortellement au cœur, en lui annonçant la défection de son père ; qu'elle avait appris que, n'ayant point d'enfants, on voulait la renvoyer chez ses parents. Elle pleurait à chaudes larmes ; le roi et madame de Maintenon eurent toutes les peines du monde à la calmer, en lui faisant comprendre par leurs caresses que rien n'était changé dans les sentiments qu'on avait pour elle. On enferma dans la Bastille les nouvellistes imprudents qui avaient fait courir de pareils bruits.

Pendant tout ce temps Victor-Amédée suivait deux politiques diamétralement opposées. Il poussait secrètement l'Angleterre et l'Autriche à lui proposer des conditions capables de lui faire rompre ses engagements avec la France. Il assurait ouvertement la France qu'il ne quitterait pas son alliance pourvu qu'il en tirât les avantages qu'il était en droit d'en attendre.

Comme le plus grand danger pour Victor-Amédée était celui d'être surpris par la France avant qu'il eût préparé un arrangement complet avec l'Angleterre et l'Autriche, son principal soin était de ne pas laisser grossir les soupçons que le cabinet de Versailles nourrissait contre lui.

[2] Voyez sur le cours compliqué de ces négociations la *Correspondance* imprimée de Richard Hill, envoyé britannique près du duc de Savoie.

Jamais prince ne mit mieux que lui en pratique l'avertissement de Guichardin, qu'il faut que le prince qui veut tromper un autre prince commence par tromper son propre ambassadeur [3]. Le comte de Vernon, ambassadeur de Savoie à Paris, avait été tenu soigneusement à l'écart de tout ce qui se passait entre le duc et le comte d'Auersperg. Il recevait de son souverain des dépêches remplies de protestations d'attachement aux intérêts de la France, et ne manquait pas de se rendre l'interprète empressé de ces dispositions favorables auprès de ceux qui avaient plus de raisons que lui d'en douter. M. de Vernon entendait des plaintes continuelles du roi et de M. de Torcy sur la conduite équivoque du duc de Savoie. Tout en leur répondant par des déclarations en sens contraire, il ne calculait pas moins avec son habileté ordinaire ce qui pourrait arriver si l'événement, auquel il se refusait de croire, venait cependant à se vérifier. Dans une dépêche du 13 août 1703 cet ambassadeur disait au duc que, si la France venait à s'assurer de l'existence du traité que l'on supposait prêt à être conclu entre l'empereur et le duc, on commencerait par retenir (*ritenere*) les troupes piémontaises qui se trouveraient en campagne avec les Français. Cette prévision se vérifia à la fin du mois suivant.

Nous avons parlé des soupçons du cabinet de Versailles; malgré cela, jusqu'au moment où la certitude remplaça le doute touchant la défection du duc de Savoie, M. de Torcy continua à négocier avec le comte de Vernon dans l'hypothèse que Victor-Amédée rejetterait les offres que lui faisaient les ennemis de la France. À mesure que la situation

---

[3] *Più Consigli et Avvertimenti di* M. F. GUICCIARDINI, gentiluomo fiorentino, *in materia di re publica et privata ecc.* (Stampato in Parigi da Federigo Morello regio stampatore, 1576, con privilegio), *Ricordo LIX*. « Un principe che col mezzo « del suo imbasciadore vuole ingannare l'altro, deve prima ingannare l'imbasciadore, « perchè opera e parla con maggior efficacia, credendo che così sia la mente del suo « principe, che non farebbe se credesse essere simulazione. Et il medesimo ricordo usi « ogn'uno che per mezzo d'altri vuole persuadere a un altro il falso ».

devenait plus grave et l'alliance du duc de Savoie d'un plus haut prix, M. de Torcy se montrait plus généreux dans les offres. Il proposait la cession du Milanais au duc, à la condition que celui-ci céderait la Savoie et Nice à la France. L'avantage de cette proposition pour Victor-Amédée était d'autant plus contestable qu'il fallait attendre la fin de la guerre pour être assuré d'entrer en possession de la nouvelle souveraineté. Un projet de convention dans ce sens fut même rédigé par le comte de Vernon et envoyé au duc le 24 août 1703.

Cette cession réciproque était le thème favori de la diplomatie française. On l'avait déjà mis en avant quand on ne faisait que prévoir la mort de Charles II roi d'Espagne. Dans l'empressement qu'on affectait d'avoir pour contenter le duc de Savoie, on lui laissait entrevoir d'autres possibilités d'améliorer son sort. On « allongera la courroie [4] », disait à plusieurs reprises M. de Torcy au comte de Vernon. Mais ces libéralités, d'une sincérité suspecte, arrivaient trop tard; le duc se rapprochait de plus en plus de l'Angleterre et de l'Autriche.

La France se crut trahie. Aux derniers jours de septembre 1703 les troupes du duc de Savoie, qui se trouvaient réunies à l'armée française entre Crémone et Mantoue, furent désarmées par ordre du duc de Vendôme. Les soldats piémontais remirent leurs armes que le général en chef leur fit demander sous prétexte d'y faire quelques réparations [5].

Cet acte de violence, car on ne saurait le qualifier autrement, fit une immense sensation. Des billets pleins d'aigreur furent échangés entre les deux souverains [6]. Le roi de France craignit tellement les conséquences morales de cette affaire

---

[4] Locution de M. de Torcy, consignée dans les dépêches de M. de Vernon.

[5] Voyez les *Mémoires historiques sur la Maison royale de Savoie et sur les Pays soumis à sa domination,* par le marquis Costa de Beauregard, tom. III. pag. 61.

[6] Costa de Beauregard, *Op. et loc. cit.*

qu'il crut nécessaire d'écrire une longue lettre au pape pour justifier la démarche qu'il venait de faire avec une hardiesse inouïe.

Le duc de Savoie, comme le plus faible, eut d'abord à supporter le choc des passions déchaînées contre lui. On lui reprocha d'avoir manqué de fidélité à la France comme s'il était né vassal de cette couronne; on l'accusa de duplicité, comme si la France n'eût pas agi de la même façon en d'autres circonstances. Les alliés par contre s'applaudirent de voir Victor-Amédée jeté, pour ainsi dire, dans leurs bras par suite de ce fait aussi inattendu que décisif. Le duc alors se tourna définitivement contre la France, et ce fut là, dit le président Hénault, la principale cause de tous les malheurs de cette guerre.

Ainsi qu'il l'avait fait au commencement de la guerre de 1690, Victor-Amédée voulut annoncer lui-même à la noblesse, qui s'était rendue en foule au palais, la guerre qu'il allait entreprendre contre la France et les motifs qui y donnaient lieu[7]. On s'assura à Turin de la personne des ambassadeurs de France et d'Espagne. On en fit autant à Madrid et à Paris à l'égard des ambassadeurs de Savoie; et le comte de Vernon partit de cette ville sous la garde du même gentilhomme ordinaire du roi, M. de Libois, qui treize ans auparavant avait accompagné jusqu'à la frontière le comte Provana prédécesseur du comte de Vernon. Le commandeur Operti quitta Madrid de la même façon, et toute communication officielle entre la cour de Turin et celles de Madrid et de Versailles fut rompue.

7 Voici comment cette déclaration imposante est rapportée dans le registre du comte TARINO IMPERIALE, grand-maître des cérémonies, à la date du 3 octobre 1703 : « Uscì « poi S. A. R. dal suo gabinetto nella camera ove stava ragunata tutta la nobiltà, quale « l'A. S. R. si compiacque ragguagliare della violenza usata dall'esercito delle due co- « rone alle sue truppe, il che l'obbligava ad entrare in una guerra involontaria; che « tutta la sua fiducia per sostenerla era fondata, dopo Dio, nell'affetto, zelo e fedeltà « e fermezza de'suoi sudditi, e che, benedicendo sua divina Maestà, come sperava, le « sue armi, ne spartirebbe con essi la gloria. Dal che toccati tutti li cavalieri assis- « tenti, risposero che erano pronti di sagrificare beni e vita per il real servizio ».

Par le traité de Turin du 8 novembre 1703, conclu avec l'empereur, le duc de Savoie entra dans la grande alliance contre la France.

Il est dit dans ce traité que l'hésitation que Victor-Amédée éprouvait à se séparer de la cause de la maison de Bourbon avait disparu devant ce dernier acte de violence commis par le roi très-chrétien; et on y rappelle tout ce que le duc dans la guerre précédente avait fait pour la défense de l'Italie [8].

Si d'un côté Victor-Amédée pouvait avoir des défiances contre l'Autriche pour le moins égales à celles qu'il avait contre la France, il était rassuré de l'autre par l'intérêt que l'Angleterre et la Hollande avaient à l'attacher à leur cause. Il croyait que ces deux puissances seraient engagées à lui procurer des avantages considérables au moment de la paix générale; engagements qui ne furent que très-médiocrement tenus.

La reine d'Espagne fut vivement affligée du changement survenu dans la politique de son père. Dans sa juste douleur elle prévoyait que les relations avec sa famille allaient devenir moins promptes et moins faciles, et que son père, en passant dans les rangs des ennemis de l'Espagne, les aurait rendus plus formidables.

Elle ne dissimula pas plus sa douleur qu'elle ne cacha son affection pour ses parents. La sensibilité de cœur de la fille fut vivement émue; la fermeté d'esprit de la reine ne parut point ébranlée. Sa correspondance avec sa famille continua toujours, mais ses lettres devinrent plus courtes, moins fréquentes et moins expansives.

Avant la défection de Victor-Amédée, un autre prince plus rapproché de l'Espagne se déclara contre la nouvelle dynastie de Philippe V. Le roi de Portugal, cédant aux sollicitations pressantes de l'Autriche et de l'Angleterre, s'unit à ces puissances.

---

[8] « Qui (le duc) iam in bello superiori, maximo causæ communis emolumento, se « se hostium insultibus velut firmum totius Italiæ murum fortiter obiecerat ».

Le roi d'Espagne ne tarda pas à prendre ses précautions contre un danger qui le menaçait de si près. Au mois de mars 1703 il partit de Madrid pour aller se mettre à la tête de ses troupes placées dans l'Estremadure.

L'expédition des affaires continua, comme à l'ordinaire, par les Conseils; tous les jours il partait un courrier de Madrid pour apporter au roi les délibérations préparées. La reine cependant était autorisée à pourvoir d'elle-même en cas d'urgence. Elle aurait beaucoup mieux aimé accompagner son mari et se livrer aux émotions des chances de la guerre plutôt que de rester à Madrid dans l'embarras des affaires sans aucune personne autour d'elle qui méritât sa confiance; madame des Ursins venait d'être alors rappelée d'Espagne par ordre de Louis XIV [9].

Le duc de Berwick fut envoyé par le roi de France pour assister Philippe V dans ces circonstances périlleuses. Montesquieu, empruntant le pinceau de Tacite, nous peint ainsi l'état des affaires: « La cour d'Espagne était infestée « par l'intrigue. Le gouvernement allait très-mal parce « que tout le monde voulait gouverner. Tout dégénérait « en tracasseries, et un des premiers articles de sa mis- « sion était de les éclaircir. Tous les partis voulaient le « gagner: il n'entra dans aucun; et, s'attachant uniquement « au succès des affaires, il ne regarda les intérêts particu- « liers que comme des intérêts particuliers; il ne pensa ni « à madame des Ursins, ni à Orry, ni à l'abbé d'Estrées, « ni au goût de la reine, ni au penchant du roi; il ne pensa « qu'à la monarchie [10] ».

Peut-être, en ménageant trop peu les personnes dont il lui était impossible d'annuler l'influence, ce nouvel envoyé de France rendit-il sa mission plus difficile. La reine l'ap-

9 « La regina, che è tutta spirito, vorrebbe che si andasse in campagna per goder « ella pure del divertimento e del vantaggio di veder spicciati gli affari senza tante « consulte ». *Dépêche* 17 *août* 1703 d'Ambrogio IMPERIALE, envoyé de la république de Gênes à Paris.

10 *Ébauche de l'éloge historique du maréchal de Berwick.*

pelait « un grand diable d'Anglais, sec, qui va toujours droit
« devant lui ». Un observateur très-fin disait qu'une femme
est aisée à gouverner pourvu que ce soit un homme qui
s'en donne la peine[11]. M. de Berwick négligea ce moyen
d'acquérir un crédit qui lui était nécessaire.

À la fin de cette première campagne, dans laquelle il
avait forcé l'armée portugaise à se retirer, le duc de Berwick reçut l'ordre de retourner en France. « C'était une
« intrigue de cour, dit encore Montesquieu, et il éprouva
« ce que tant d'autres avaient éprouvé avant lui, que dé-
« plaire à la cour est le plus grand service que l'on puisse
« rendre à la cour, sans quoi toutes les œuvres, pour me
« servir du langage des théologiens, ne sont que des œu-
« vres mortes[12] ».

La remarque de Montesquieu peut servir de commentaire
perpétuel à l'histoire de ce temps, où la vieille influence de
l'aristocratie s'était éteinte dans les antichambres des rois
et la jeune et vigoureuse puissance du tiers état ne s'était
pas encore révélée pour prendre sa place dans les conseils
de la nation.

Le duc de Berwick en allant en Espagne avait eu ordre
de travailler au renvoi de madame des Ursins; Louis XIV
lui avait écrit: « Servez-vous auprès du roi, mon petit-fils,
« de toutes les raisons que vous pourrez imaginer pour le
« persuader ». Madame des Ursins eut la permission d'aller
à Versailles. Elle ne tarda pas à persuader au roi que sa
présence était nécessaire à Madrid dans l'intérêt particulier
de la France, et Berwick fut rappelé.

Le comte de Tessé, général moins habile mais plus agréable
à la cour, succéda au duc de Berwick dans le commandement des troupes du roi. La guerre se fit lentement et sans
coup décisif, si ce n'est la perte de Gibraltar.

Les alliés s'emparèrent de cette place d'une importance

---

[11] La Bruyère.
[12] Ébauche de l'éloge historique etc.

unique, et les Anglais se l'approprièrent. Tout en défendant la cause du prétendant autrichien, ils n'hésitèrent point à se déclarer maîtres de ce point du territoire espagnol et à y proclamer la souveraineté de la reine Anne au lieu de celle de l'archiduc Charles. Le droit plia sous la force.

Nous ne manquerons pas de faire remarquer que pendant ces mouvements de guerre, tandis qu' il fallait tenir tête aux entreprises des alliés, réunis aux troupes portugaises, et surveiller les manœuvres de la flotte anglaise rôdant autour des côtes de l'Espagne, on ne cessa jamais de s'occuper à Madrid des réformes administratives et financières dont l'urgence n'était pas moins évidente que la nécessité.

Pour remettre sur pied les finances de l'Espagne il fallait remonter bien haut. Depuis longtemps, ainsi que nous l'avons déjà noté, le gouvernement avait perdu la disponibilité des meilleures ressources du trésor. Faute de savoir administrer, on avait affermé la perception des impôts; par des libéralités aussi peu justes que peu mesurées les rois avaient appauvri l'État pour enrichir les courtisans. On éprouvait trop de difficultés à tirer de l'argent des Cortès pour compter sur leurs concours habituel à se prêter aux besoins de l'État.

Après quelques réductions dans les emplois et dans les charges de la cour, on songea à rétablir l'ordre dans le trésor royal. Nous avons vu qu'on avait fait venir de Paris Orry, financier habile, homme d'esprit et grand travailleur. Cet administrateur, fort estimé de madame des Ursins, jouissait de la protection de la reine. Grâce à ce double appui, il put entreprendre et faire avancer la grande mesure du retour au trésor royal de plusieurs droits usurpés.

Ces droits, dont les principaux étaient désignés sous le nom de *alcabalas*[13], étaient des impôts indirects qui se percevaient sur différentes matières. Une grande partie de

---

[13] Le *Dictionnaire de l'Académie espagnole* définit l'*alcabala* « el tanto por ciento « de precio de la cosa vendida que paga el vendedor al fisco. En latin *vectigalia* ».

ces droits avait été vendue ou engagée, pour un temps limité, par la couronne; d'autres aliénations en avaient été faites à titre de simple don gratuit. Orry ne craignit point de s'exposer aux irritations et aux vengeances de ceux qui se trouveraient dépossédés de ces considérables avantages; il réunit d'abord indistinctement tous ces droits au trésor royal, et exigea que chacun produisît les titres justificatifs de sa possession. Il établit en même temps une Junte pour examiner les droits respectifs du roi et des parties. On y rendait une justice exacte, restituant à ceux dont la possession était légitime ces mêmes droits que le roi reprenait lorsque l'usurpation avait été prouvée clairement [14].

Un début qui promettait tant de bons résultats dans l'intérêt public étonnait tout le monde. La malveillance cependant alla son train; les gens qui vivaient de ces abus qu'on voulait supprimer ne manquèrent pas de travailler à la perte d'Orry, et ils y réussirent. Il fut disgracié en même temps que madame des Ursins. M. de Tessé, témoin des efforts d'Orry pour arriver à son but et des obstacles qui le traversaient dans ses desseins, disait que cet homme « eût « été pendu ou grand homme ».

Il ne fut ni l'un ni l'autre: ses ennemis n'eurent point assez de pouvoir pour en faire une victime, et les circonstances qui disposent des succès ne lui permirent pas de s'élever au premier rang. Rentré en faveur au retour de madame des Ursins, il fut renvoyé quelque temps après, rappelé ensuite, et de nouveau disgracié après la chute de la *ca-*

— L'envoyé génois BERNAUD dans sa *Dépéche* du 24 novembre 1704 parle de cette grande opération dans les termes suivants: « Questa gabella è dotazione e patrimonio « della corona, e così strettamente vincolata che si accorda non abbiano potuto, non « ostante l'assoluto potere, i regi possati alienarla; onde molti di essi ne' loro testamenti « se ne sono fatto scrupolo ed ordinato ai successori debbano rimettere nella corona le « suddette *alcavalle;* così si legge in quelli di Filippo IV e Carlo II. Non ostante « se ne è sempre dilatata, anzi scordata affatto l'esecuzione, perchè, essendo interessati « in questa materia tutti i grandi, ed essendo questo introito l'unico loro sostenimento, « non è stato facile di farlo ».

14. *Mémoires* du marquis de SAINT-PHILIPPE, an. 1703.

marera mayor. Il emporta dans sa retraite le regret d'avoir fait trop ou trop peu pour un pays qui n'était pas encore en état de l'apprécier et pour des gens qui n'eurent pas le courage de le soutenir.

Le cabinet de Versailles s'était érigé en tuteur du jeune roi. Il avait fallu céder à la nécessité et adopter l'usage inconvenant et dangereux à la fois d'accorder une place au *Despacho* au ministre d'une puissance étrangère. Peu importe que ce fût le duc d'Harcourt ou le comte de Marsin, le cardinal d'Estrées ou le duc de Gramont, qui prît part aux délibérations, chacun dans la mesure de sa capacité et de ses plus ou moins bonnes intentions; le fait seul de la présence d'un serviteur d'un autre maître dans le conseil de cabinet devait nécessairement gêner et nuire. La reine comprenait la portée du mal et l'impossibilité de suffire elle seule à la réparer; elle dut se soumettre à ce qu'elle ne pouvait pas empêcher.

La présence de madame des Ursins chez la reine diminuait de beaucoup tous ces inconvénients. On lui avait fait, pour ainsi dire, une place dans le ménage du couple royal. Ce n'était certainement pas pour y maintenir la paix, car le plus léger nuage ne troubla jamais la sérénité de cette union, mais bien plutôt pour en faire ressortir les avantages.

Egalement estimée du mari et de la femme; se servant adroitement des occasions journalières d'un service de domesticité, qui entrait dans les devoirs de sa charge, pour toucher aux affaires les plus importantes, madame des Ursins s'était rendue nécessaire à Philippe et à Marie-Louise autant qu'au roi et à la reine. On sait que la confiance des princes se gagne plutôt par les soins qu'on prend de leur personne que par les services que l'on rend à leur dignité.

Madame des Ursins jouissait de tous les priviléges de cette intimité en cultivant des rapports d'un ordre supérieur dont elle se servait à merveille. Française et protégée par Louis XIV, elle devenait auprès des ministres français l'organe le mieux accueilli des idées de la reine; dévouée à la nouvelle dynastie, elle trouvait des moyens particuliers de la faire apprécier par les Espagnols dont elle connaissait les penchants et les mœurs.

L'année 1705 se passa en inquiétudes et en agitations. Gibraltar fut perdu; une conspiration terrible ourdie par le marquis de Léganez fut près d'éclater. De plus graves événements s'annonçaient. On s'attendait à des explosions de complots même à Madrid; l'ambassadeur de France et M. Orry y tenaient cachés chez eux des hommes armés pour se défendre en cas de besoin. Le roi, qui montrait beaucoup de sang-froid sur le champ de bataille, avait peur des émeutes; sorte de contradiction dont les exemples ne sont pas rares. Il voulut entourer son palais de casernes pour mieux pourvoir à sa sûreté.

Madame des Ursins sortait victorieuse d'une lutte où ses ennemis l'avaient engagée. Louis XIV, qui l'avait fait partir d'Espagne, lui avait rendu toute sa faveur en la renvoyant à la reine. Marie-Louise en la voyant revenir en avait exprimé une joie égale à la douleur qu'elle avait montrée à s'en séparer. Des historiens se sont étonnés de la vivacité des sentiments de la reine pour sa *camarera mayor*. Il nous paraît qu'il n'y a eu en cela rien d'extraordinaire, pour peu qu'on réfléchisse sur le caractère de la souveraine et sur le genre de vie qu'elle était forcée de suivre dans le pays et au milieu des circonstances où elle se trouvait.

Le caractère de la reine était décidé et ouvert autant que celui du roi était irrésolu et caché. Ils s'aimaient tendrement, chacun à sa manière. La reine ne pouvait méconnaître sa propre supériorité; mais par un sentiment de délicatesse qui ne s'est jamais démenti elle ne voulait rien ôter à l'importance personnelle du roi. Son étude habituelle était de l'assister et de le faire valoir; sans trop s'effacer, elle ne voulait pas se mettre tout à fait en avant. De là une position remplie de difficultés sous-entendues et sans cesse renaissantes, que l'expérience et l'adresse de madame des Ursins parvenaient à simplifier ou à amoindrir. Les avis de la *camarera mayor* étaient d'autant plus recherchés et appréciés qu'on aurait vainement espéré d'en recevoir de pareils des ministres espagnols. Il suffit de jeter un coup d'œil sur les mémoires du temps pour voir quelles fastueuses médiocrités et quelles probités douteuses s'étalaient dans ces nombreux Conseils qui se partageaient le gouvernement du royaume.

Ce rôle d'intermédiaire ou, pour mieux dire, de confidente affectueuse et de ministre officieux, adapté à tant d'usages divers et si souvent répété, était devenu une nécessité pour la reine, et il n'y avait que madame des Ursins capable de le remplir à sa satisfaction.

La guerre prenait de plus grandes proportions, et de graves symptômes de mécontentement se manifestaient parmi les populations de Valence et d'Aragon. Dans l'une et l'autre de ces provinces on se plaignait que Philippe V ne respectât pas assez les priviléges et les intérêts du pays. Le roi avait vraiment négligé de convoquer les Cortès de Valence, et s'il ne refusait pas ouvertement de terminer la session des Cortès d'Aragon, qui n'avait été que prorogée par la reine, il différait toujours d'en venir à une conclusion. Les Aragonais s'offensaient de ces délais, prétendant que leur province n'avait pas moins mérité que la Catalogne. Le gouvernement ne se montrait pas disposé à apaiser ces sujets de plainte qui restaient toujours comme un levain caché [15].

La Catalogne pour avoir été mieux traitée par Philippe V ne lui resta pas plus fidèle. Elle devint au contraire un

---

[15] *Mémoires* du marquis de Saint-Philippe, an. 1703. — L'envoyé de la république de Gênes à Madrid, Geronimo Bernabò, écrivait dans une *Dépêche* du 4 novembre 1705 : « Si suppone sentirsi in breve perduti i regni d'Aragona e di Valenza, le isole e tutta « la costa. Questa corte è piena di mali umori. Il re ha grandi motivi per non starvi « con quiete e, se parte, possono nascere orribili successi ».

foyer d'insurrection aussitôt que le prétendant autrichien débarqua à Barcelone.

Nous ne saurions passer sous silence quelques circonstances qui caractérisent l'époque et le pays. Ainsi qu'il arriva d'autres fois, on vit les ecclésiastiques, tant séculiers que réguliers, pendant le siége de Barcelone prendre les armes et se battre vaillamment. On remarquait surtout les capucins qui, pour être plus libres de leurs mouvements, se liaient la barbe avec des rubans [16]. Les jésuites seuls, objet de la prédilection de Philippe V, se maintinrent fidèles à ce monarque.

Il y avait à la tête des troupes alliées devant Barcelone lord Peterborough, homme qui, ainsi que le dit Voltaire, ressemblait en tout à ces héros dont l'imagination des Espagnols a rempli tant de livres. Il faisait la guerre en Espagne presque à ses dépens, et nourrissait l'archiduc et toute sa maison. C'était aussi un singulier contraste que ce luxe et cette misère dont l'Espagne offrait alors le spectacle.

On vit enfin la municipalité de Barcelone témoigner son attachement au prétendant autrichien, en brûlant les priviléges que la ville avait obtenus de Philippe V, et se précautionner contre les incertitudes de l'avenir en en gardant des copies.

Au commencement de 1706 le roi, partant pour la campagne de Catalogne, confia la régence de l'État à la reine avec de très-amples pouvoirs [17]. La détresse des finances devenait de jour en jour plus menaçante pour la sécurité du pays, et la nécessité de pourvoir aux exigences de la

---

[16] « Los religiosos y sacerdotes tomaron las armas, y atadas con una cinta sus barbas, « los Capuchinos no eran los menos eficaces ». *Mémoires* du marquis de SAINT-PHILIPPE.

[17] Voici ce que la reine écrivait à ce sujet à sa grand'mère dans sa *Lettre du 3 mars* 1706 (publiée par madame la comtesse della ROCCA) : « La semaine passée je priai ma « mère de vous faire mille excuses, ma chère grand'maman, de ce que je ne vous écrivais « pas; je n'en ai pas le temps, et puis j'étais trop touchée de m'être séparée de mon « cher roi pour pouvoir rien faire. Ce prince partit le 23 janvier, et vous pouvez « vous imaginer quel jour ce fut pour moi. Il a voulu absolument me laisser ici régente;

guerre n'accordait plus de délais à l'action du gouvernement. La reine ordonna résolument à toute la Castille de prendre les armes suivant les lois du royaume et d'après l'exemple de ce qui s'était fait par le passé dans des circonstances moins urgentes que celles où l'on se trouvait alors. Elle en parla dans le *Despacho* [18]; le vieux marquis de Mansera, grand protecteur des Conseils, proposait de leur renvoyer cette affaire. Marie-Louise, craignant avec raison la lenteur et les embarras de ces formes traditionnelles de délibérations, lui répondit qu'il fallait agir et non consulter. Cependant, pour ne pas trop mécontenter des gens qu'on était forcés de ménager, elle réunit devant elle les personnages les plus influents appartenant à ces conseils, et en leur présence elle proclama l'armement général.

La reine convoqua aussi les grands pour leur faire connaître la gravité de la situation et solliciter leur concours aux charges extraordinaires rendues indispensables pour subvenir aux besoins de la guerre. Le duc de Medina-Sidonia répondit au nom des grands par des protestations sans fin de dévouement et de bonne volonté, mais le résultat en fut assez mince. Un colonel irlandais, que le cabinet de Versailles entretenait à Madrid en qualité de son agent particulier, le chevalier du Bourk, rendant compte à Chamillard de ce qui venait de se passer, lui disait: « La « reine après sa harangue aux Conseils a obtenu d'eux « un secours de 6,000 pistoles. Quelques grands, à l'exemple « du marquis de Castel-Rodrigo, ont donné aussi de l'ar-

« j'y ai résisté le plus que j'ai pu; mais à la fin il a fallu obéir, dont je suis au désespoir, car j'aurai eu assez d'inquiétude de l'absence du roi sans en avoir d'autre. « Je passe donc ma vie dans des Conseils, à donner des audiences, et à entendre toujours « parler d'affaires. Vous savez le goût que j'ai pour cela; ainsi jugez comment je m'accommode d'une telle vie ». Voyez aussi la *Lettre* adressée par la reine à Louis XIV, le 15 février 1706, à propos de la régence dont on voulait la charger malgré elle, et la réponse du roi de France, du 14 mars, qui l'engage à l'accepter. *Mémoires* de NOAILLES, an. 1706.

[18] Le 25 avril 1706. Voyez la *Lettre*, à la même date, de madame des Ursins à Chamillard dans le recueil de M. GEFFROY.

« gent et de la vaisselle ; mais tout cela s'est fait avec
« tant de réserve qu'une dame espagnole disait qu'ils imi-
« taient cette pauvre femme qui offrait un cierge à saint
« Michel et un autre au diable, pour le besoin qu'elle
« pourrait en avoir [13] ».

Un autre jour la reine se rendit de sa personne à l'hôtel
de ville de Madrid et, s'adressant aux membres de la municipalité, elle leur rappela ce que dans des circonstances
pareilles avait fait la reine doña Isabelle de Bourbon pour
Philippe IV, son époux, passé en Catalogne. La municipalité répondit aussi à ses exhortations par un don de 6,000
pistoles.

Enfin tous les conseils se mirent en mouvement pour
suivre l'exemple donné par la reine.

Le président du Conseil de Castille fit un appel aux cor-
porations d'ouvriers de Madrid pour qu'ils formassent un
régiment et se rendissent à l'armée. Les ouvriers répon-
dirent qu'ils étaient prêts à se sacrifier pour la défense de
la patrie et le service du roi, mais qu'ils étaient faits plutôt
pour servir à l'intérieur que pour entrer en campagne. Ils
s'offrirent pour fournir la garde de la reine pendant que la
troupe destinée à ce service serait à l'armée.

Le président du Conseil des Ordres ordonna que tous
les chevaliers des trois ordres militaires eussent à se présenter devant lui dans le terme de quatre jours et se tenir
prêts à monter à cheval. Quant à ceux qui ne pourraient
le faire pour cause de fonctions publiques ou autre empêche-
ment légitime, on leur permettait de se faire remplacer
par un cavalier monté à leurs frais.

On rappelait aux chevaliers le devoir qu'ils avaient de suivre
le roi, leur grand-maître, allant combattre des hérétiques.

Les Français qui habitaient Madrid reçurent l'ordre de
se présenter à l'ambassade de France pour s'y faire inscrire

[13] Cette *Lettre*, du 28 avril 1706, est au Dépôt de la guerre à Paris ; elle est rapportée par M. COMBES dans son livre *La Princesse des Ursins*.

dans deux régiments de leur nation qu'on allait former, l'un sous la direction de l'ambassadeur Amelot, l'autre sous celle de M. Orry. La proclamation publiée à cet effet portait que ceux qui ne se présenteraient pas seraient obligés de rentrer en France [20].

Enfin un ordre de la reine, publié le 4 mai 1706, enjoignait à tout homme en état de porter les armes de s'armer et de se présenter dans le délai de quatre jours pardevant le corrégidor de Madrid; dans cet ordre étaient compris même les prélats.

L'envoyé génois Bernabò, en transmettant à sa république les détails qu'on vient de lire, les accompagne des réflexions suivantes [21] : « La qualité des remèdes dévoile la gra-« vité du mal. Mais ces remèdes mêmes peuvent l'augmenter « au lieu de le diminuer. Que n'a-t-on pas à craindre de « cette populace, à qui on remet des armes dont elle ne « saura ou ne voudra probablement pas se servir; de cette « foule de prêtres, attachés en grande partie aux intérêts « autrichiens? Tout ce qui est étranger à Madrid craint « d'être pris pour Français et se prépare à la retraite dès « que l'occasion s'en présentera ».

Beaucoup de Français n'attendirent pas d'autres occasions pour se sauver; ils partirent à la hâte avec leurs familles.

Le parti autrichien faisait de grands progrès; les habitants de la Catalogne et ceux du royaume de Valence se prononcèrent en faveur du prétendant.

Le roi, revenu à Madrid, sollicita de nouveaux subsides;

---

[20] On croyait que le nombre des Français alors établis à Madrid se montait à environ dix mille.

[21] *Dépêche* du 5 mai 1706 : « Da tante cose si argomenta che il governo, usando « di rimedi che sono alquanto straordinarii, conosce il male per gravissimo. Ve ne « sono tra questi dei velenosi affatto e che, invece di apportar la salute, sono a pro-« posito per distruggerla. Armare la plebe e tanta gente disaccomodata, e forse poco « bene affetta, lasciare la briglia a così gran numero di ecclesiastici, dei quali ve ne « sono tanti di genio austriaco, pare assai improprio. . . . . Ogni uomo che è qui fore-« stiero dubita essere battezzato per francese; perciò da molti si fanno fagotti e si « pensa a ritirarsi quando si conosca il tempo e la necessità per farlo ».

il convoqua les grands auprès de lui le 16 juin. Ses sollicitations ne produisirent pas non plus de grands effets. Le duc de Medina-Sidonia, qui figurait toujours comme chef de la grandesse, prit le premier la parole en disant que les grands d'Espagne n'avaient pas les moyens suffisants pour répondre ainsi qu'ils l'auraient voulu aux demandes du roi; il mêla à ses nouvelles démonstrations de dévouement quelques paroles de regret sur ce que la grandesse avait été opprimée, se référant probablement à l'affaire du *banquillo*, et il exprima l'espoir que le roi aurait réparé ces griefs.

Le duc de l'Infantado ajouta que les grands, dont les propriétés étaient en grande partie au pouvoir de l'ennemi, avaient à peine de quoi vivre, et n'étaient guère en état de suivre le roi à la guerre. Enfin le comte de Lemos dit que pour bien répondre il faut savoir « où l'on va, à « quoi on va, et avec quelles forces on va [22] ».

Le roi quitta les grands peu satisfait de ce qu'il venait d'entendre. Il comprit qu'il ne pourrait compter que sur les personnes attachées à sa cour. Pour mieux s'assurer des ressources en frappant l'imagination de ses sujets, il aurait voulu que la guerre où il se trouvait engagé fût déclarée guerre de religion parce qu'on se battait contre des Anglais et des Hollandais. Si cette déclaration avait eu lieu, on pensait que le roi n'aurait pas craint de s'emparer de l'argenterie des églises et des biens du clergé. Le Conseil de Castille, consulté à ce sujet, répondit que c'était là plutôt l'affaire de théologiens que de légistes.

Les événements devenaient de jour en jour plus graves et plus pressants. Salamanque avait été prise le 7 juin, Carthagène le 13; et les ennemis s'avançant sur Madrid, la reine dut songer à quitter la capitale pendant que le roi se mettait à la tête de ses troupes. Le duc de Berwick

---

[22] « . . . . . dove si va, a che si va, e con quali forze si va ? ». *Dépêche* de l'envoyé génois BERNABÒ, du 16 juin 1706.

aurait voulu que la reine se retirât à son armée; cette belle et grande idée qui, nous n'en doutons pas, aurait eu toutes les sympathies de la reine, ne fut point secondée. Des conseils timides prévalurent; on voulait qu'elle se rendît à Pampelune, mais le duc fit voir que, si l'on prenait ce parti, tout serait perdu parce que les Castillans se croiraient abandonnés[23]. La reine se retira donc à Burgos avec les conseils, et le roi arriva à sa petite armée. Suivant le récit contenu dans une lettre de madame des Ursins à madame de Maintenon[24], on avait voulu tenir bon jusqu'à la fin et ne rien faire connaître au peuple de Madrid des intentions des souverains. Le départ eut donc lieu sans avoir le temps d'emporter les choses les plus nécessaires. La reine fut sans lit les premiers jours jusqu'à ce que le chevalier de Bragelonne, qui commandait le détachement français d'escorte, lui en offrit un tout neuf qui se trouva bien à propos. Tout manquait, jusqu'aux vivres, pendant ce voyage. La reine n'avait auprès d'elle que madame des Ursins, une *donna* et une femme de chambre. « La disette d'argent, ajoute madame de Maintenon dans la lettre que nous venons de citer, « l'a réduite à n'en pas avoir davantage[25] ».

Le roi pria la reine d'envoyer ses pierreries en France pour les vendre ou pour les engager. Parmi ces pierreries il y avait la fameuse perle appelée la *pelegrina*, que M. de Saint-Simon se donne la peine de décrire dans ses Memoires[26], et le diamant que les Espagnols nomment le *estanque* la reine y joignit toutes les siennes.

Pendant leur séjour à Burgos, qui dura trois mois et

---

[23] Montesquieu, *Ébauche de l'éloge historique du maréchal de Berwick.*

[24] Du 24 juin 1706, dans l'édition de Bossange.

[25] Après que la reine eut quitté Madrid, ses demoiselles d'honneur entrèrent dans différents couvents, selon l'usage espagnol, pour y attendre son retour. Quand le roi revint à Madrid il fit dire à ces demoiselles qu'elles pouvaient rentrer chez leurs parents, et que le roi ne les oublicrait pas quand il s'agirait de leur mariage. Ainsi la maison particulière de la reine fut en quelque sorte supprimée. *Correspondance* de Jerôme Bernabò.

[26] « Cette perle, de la plus belle eau qu'on ait jamais vue, est précisément faite et

demi, la reine et madame des Ursins ne restèrent point inactives. Grâce à leurs discours et à leurs démarches, on obtint des dons volontaires de la province de Burgos, des villes d'Andalousie, et, en fournissant de l'argent pour le payement des troupes, on empêcha la désertion des soldats [27].

La résidence de Burgos était loin d'être agréable; madame des Ursins dans une autre de ses lettres à madame de Maintenon [28] en donne une description piquante. La reine, jeune et endurante, en prenait gaîment son parti. « Sa Ma- « jesté n'en fait que rire, et j'en ris aussi », écrivait la *camarera mayor* [29].

Le terme de l'exil approchait. Le duc de Berwick par de savantes manœuvres fit vider la Castille aux ennemis, et rencogna leur armée dans les royaumes de Valence et d'Aragon. « Il les y conduisit marche par marche, dit Montesquieu [30], comme un pasteur conduit des troupeaux ».

Le roi rentra dans Madrid le 4 octobre, la reine y arriva le 27.

« évasée comme ces petites poires que l'on appelle de *sept en gueule,* et qui parais- « sent dans leur maturité vers la fin des fraises ».

[27] Voici comment VOLTAIRE rendit justice à la reine en parlant des événements de la guerre de 1706 : « Les peuples aimaient dans Philippe le choix qu'ils avaient fait, « et dans sa femme, fille du duc de Savoie, le soin qu'elle prenait de leur plaire; une « intrépidité au dessus de son sexe, et une constance agissante dans le malheur etc. ». *Siècle de Louis XIV,* chapitre XXI.

[28] *Lettre* du 15 juillet 1706, édition de Bossange.

[29] Pendant la demeure de la reine à Burgos, la famille de Savoie avait aussi quitté Turin, dont les Français allaient entreprendre le siége que Victor-Amédée et le prince Eugène les forcèrent ensuite de lever. Les Lettres écrites à cette époque par la reine à sa grand'mère, publiées par madame la comtesse della Rocca, montrent avec quel tact parfait elle savait épancher son cœur et respecter sa politique.

[30] *Ébauche* etc.

CHAPITRE X.

Naissance du prince des Asturies — Événements de la guerre — La reine cherche à détacher son père de la grande Alliance — Troisième régence de la reine — Bataille de Villaviciosa.

La famille royale rentrée à Madrid jouissait enfin de quelque tranquillité. La bataille d'Almanza, gagnée par Berwick le 25 avril 1707 ; la conquête du royaume de Valence, de l'Aragon, et la prise de Lérida paraissaient avoir raffermi sur la tête de Philippe V cette couronne si légèrement acceptée et si obstinément défendue. La naissance d'un enfant combla les vœux du roi et de la reine. Ce prince vint au monde le 25 août, jour de la saint-Louis, et reçut les noms de Louis Ferdinand. Marie-Louise comprit aussi bien les devoirs de mère que ceux de souveraine, et pendant tout le cours de sa trop courte vie nous la verrons chercher et trouver dans la plus tendre affection pour ses enfants son premier bonheur, le plaisir de tous les plaisirs. Nous allons transcrire ici une lettre de Marie-Louise, où elle entre dans les plus grands détails touchant la manière d'élever son enfant. Nous sommes sûrs que plus d'un parmi nos lecteurs nous saura gré d'avoir mis sous ses yeux ce tableau de la mère de famille ; les femmes surtout ne trouveront pas ces détails hors de propos.

« Vous aurez appris (écrit-elle à sa grand'mère [1]), par la
« lettre que madame des Ursins vous écrivit il y a huit
« jours, que j'ai été obligée à changer de nourrice de mon
« fils . . . . Mon fils est changé considérablement en mieux ;
« il engraisse et se remet à merveille, ce qui me fait grand

---

[1] *Lettre* du 28 janvier 1708, publiée par madame la comtesse della Rocca.

« plaisir, car il ne m'en a guère fait pendant quelques
« jours. Vous avez envie de savoir comment est réglé son
« appartement. Il faut commencer par vous dire qu'il est
« logé tout auprès de moi, et je n'ai qu'une galerie un peu
« plus longue que votre petite à traverser pour aller dans
« sa chambre. Sa cour est très-petite; car je trouve que ce
« n'est pas la quantité de personnes qui fait qu'on est bien
« servi, mais que le peu soit bon. Il n'a point de gouver-
« nante, et la princesse des Ursins et moi, qui y sommes
« presque toujours ou l'une ou l'autre, prenons pour le moins
« autant de soin que s'il en avait une. Il y a une dame
« qui est plus qu'une sous-gouvernante, qu'on appelle ici
« dame d'honneur, qui a de l'esprit et est assez entendue;
« elle est toujours auprès de lui, et c'est elle qui couche
« dans sa chambre; une remueuse qui est fort adroite, et
« une autre femme pour la soulager et la relayer: une de
« ces deux-là, tantôt l'une et tantôt l'autre, couche aussi
« dans la chambre; trois femmes de chambre, dont il y en
« a une qui veille la nuit, et la faiseuse de bouillie qui est
« forte et qui est capable de soulager toutes les autres si
« elles étaient un peu incommodées. Voilà tout ce qu'il a.
« Vous trouverez peut-être qu'elles sont peu; mais je vous
« assure qu'il semble que rien ne manque, à voir comme
« mon fils est servi ». Certes, s'il n'y avait pas du luxe de
cour dans le service ainsi monté, il y avait plus que le
nécessaire; et la large part qu'y prenait la mère valait
mieux que tout ce qu'on aurait pu désirer davantage.

Les cérémonies du baptême de l'Infant eurent lieu au
commencement du mois de décembre. Le cardinal Porto-
Carrero y officia; en qualité de prélat officiant, il offrit de
riches joyaux en présent au petit prince, à la reine et à
madame des Ursins, qui lui furent renvoyés avec de grands
compliments et avec la prière de vouloir les employer plutôt
à fournir des secours à la place d'Oran qui se trouvait
assiégée.

Pour fêter la naissance du prince, la municipalité de Madrid fit monter un spectacle au théâtre du Retiro appelé *le Coliseo;* elle y dépensa quarante mille écus. Et comme l'administration municipale n'avait pas de fonds pour cela, elle augmenta le octrois [2]. C'était faire rire d'un côté et pleurer de l'autre; et il n'est pas même sûr que cette comédie fût amusante, puisque dans une de ses lettres à sa grand'mère la reine lui dit: « Demain nous aurons une « grande comédie qui durera trois grosses heures, et je « vous avouerai en confiance que je voudrais en être déjà « dehors. Jugez par là combien elle me divertira [3] ».

On se préparait à pousser la guerre avec plus de vigueur, et le roi dut de nouveau invoquer l'appui de tout le monde pour faire face aux nouvelles dépenses. On s'adressait à toutes les classes indistinctement: fonctionnaires, ecclésiastiques, artisans, tous devaient y passer. Sans avoir l'air d'imposer de contribution, on voulait en retirer le produit; on ne forçait pas, mais on demandait et on voulait ce qu'on avait demandé [4]. On allait de porte en porte recevoir ces dons gratuits.

Quelques mois après (mai 1708) les Français demeurants à Madrid qui avaient de la fortune furent convoqués chez l'ambassadeur de France et obligés à souscrire un emprunt forcé de 450,000 écus, destiné à être employé aux fournitures de l'armée. On organisa une compagnie pour régler cet emprunt, auquel on assura un intérêt du 6 % et d'autres avantages.

Les étrangers qui habitaient Madrid furent soumis à un impôt particulier, sous peine d'être chassés de la ville; ce qui arriva à plusieurs d'entre eux.

Ce fut dans cette même année 1707 qu'on ôta aux royaumes

---

2 *Dépêche* de l'envoyé génois BERNABÒ, 21 novembre 1707.

3 *Lettre* du 30 avril 1707, publiée par madame la comtesse della ROCCA.

4 « Non obbligano, ma qualche cosa vogliono, e vogliono quel che dimandano; questo « sarà danaro pronto e non sarà poco ». BERNABÒ, *Dépêche* 19 décembre 1707.

de Valence et d'Aragon leurs anciens priviléges pour les incorporer dans le royaume de Castille. Ainsi on abolit le droit qu'avaient ces provinces d'exiger que le roi allât en personne dans ce pays pour y prêter le serment de leur conserver leurs anciens usages et leurs *fueros*.

Depuis longtemps on désirait également à Madrid et à Versailles de détacher quelque prince de la grande alliance, rendue si redoutable par ses derniers succès; on aurait voulu surtout que le duc de Savoie se réconciliât avec la France. « C'est une chose bien douloureuse pour Mme la duchesse de « Bourgogne et pour la reine (écrivait madame des Ursins à madame de Maintenon le 11 décembre 1706) de recevoir « d'un père tant de peines, quand elles pourraient se flatter, « et avec raison, d'en être estimées et chéries [5] ».

C'était vouloir opposer de la sensibilité à la raison d'État, ce qui ne réussit pas ordinairement. La reine essaya d'engager son père à entrer dans la voie qu'elle aurait désirée, en mêlant adroitement quelque appât d'intérêt politique à l'expression des sentimens de la plus tendre affection. Voici comment elle s'y prit en deux differentes occasions [6]:

           « Madrid, ce 31 janvier 1708.

« Pourquoi croyez-vous, mon cher père, que je n'aie « plus d'amitié pour vous et que même je vous aie oublié,

---

[5] Recueil de M. Geffroy.

[6] On verra combien on s'attache dans ces ouvertures à persuader le duc de Savoie qu'il deviendra roi de Lombardie. C'était là effectivement un des projets que Victor-Amédée poursuivait avec le plus d'ardeur, mais que l'empereur cherchait toujours à traverser. Nous avons une *Lettre* du 7 décembre 1706 du grand pensionnaire Heinsius à Marlborough, où il est dit : « Les ministres de Savoie se plaignent fortement de l'em- « pereur. Non-seulement qu'il a fait prendre possession du Milanais, mais qu'il en tire « tout ce qu'il peut, et que l'empereur ne veut pas mettre S. A. R. dans la possession « des places prises, qui, selon le traité fait avec lui, doivent être rendues aussitôt qu'on « les prend. Il parait clair que l'empereur tâchera de garder le Milanais, ce qui cause « beaucoup de jalousie et des plaintes ; et comme ce serait contre les alliances faites « et contre l'intérêt de la cause commune, je vous dois donner à penser si la reine et l'État « n'y devraient pas pourvoir au plus tôt ». *Correspondance diplomatique et militaire du duc de Marlborough, du grand pensionnaire Heinsius etc., publiée* par M. Vreede. Amsterdam. 1850, pag. 188.

« comme vous m'avez fait mander il y a quelque temps
« par ma mère? J'en suis très-offensée, étant aussi éloignée
« que je le suis d'une pareille chose, car je puis vous as-
« surer que je vous ai toujours aimé tendrement. Il me
« semble que c'est bien plutôt à moi à vous faire des re-
« proches, puisque vous faites de votre mieux pour m'ar-
« racher la couronne, et qu'ainsi vous ne me donnez guère
« des marques de la tendresse que vous devriez avoir pour
« moi. Jusqu'à quand, mon cher père, prétendez-vous
« persécuter vos filles, en leur faisant souffrir tout ce qu'on
« peut imaginer? Rien peut-il être plus cruel que de se voir
« faire la guerre par un père qu'on aime? Finissez mes
« malheurs; aimez un enfant qui le mérite. Il ne tient qu'à
« vous de me rendre la princesse du monde la plus heu-
« reuse. Me le refusez-vous? aurez-vous un cœur assez dur
« pour cela? non, mon cher père, je ne puis croire une
« pareille chose, et j'espère que vous vous laisserez à la fin
« toucher par une fille qui est pénétrée de douleur de tout
« ce qui se passe, qui vous aime véritablement, et qui sou-
« haite vos avantages. Je vous promets l'agrandissement
« de vos États en vous faisant donner tout le Milanais, qui
« serait aisé à reprendre dès que vous voudriez vous en-
« tendre avec nous pour laisser rentrer nos troupes en ce
« pays-là. Si cela ne vous contente pas, je me charge de
« vous faire donner par les deux rois le titre de roi de
« Lombardie. Voilà les vengeances que je veux prendre de
« vous. Mon cœur, rempli de tous les sentiments que vous
« pouvez connaître dans cette *lettre*, m'a *fait imaginer tout*
« ce qu'elle contient pour vous donner les moyens de finir
« une guerre qu'il y a si longtemps qui dure, d'achever
« les malheurs de vos filles, de devenir roi, et d'agrandir
« aussi considérablement vos États. J'ai choisi, pour vous
« rendre celle-ci, un gentilhomme romain, qui vous la donnera
« en mains propres et qui passera partout sans donner du
« soupçon, disant qu'il va chez lui. Ne manquez pas, s'il

« vous plaît, à me faire réponse par le même ou par la
« voie que vous jugerez à propos, et faites-moi savoir celle
« qui vous conviendra de prendre pour entrer en négocia-
« tion. Je vous répète encore que je puis tenir ce que je
« promets, et que ceci ne se passe qu'entre vous et moi,
« sans participation d'aucun ministre. J'attendrai avec grande
« impatience votre réponse ; faites qu'elle soit ma consolation
« et qu'elle me marque votre tendresse, que je mérite tant,
« mon cher père, par celle que j'ai pour vous.

                                        « MARIE-LOUISE »

« Je crois que vous ne laisserez pas que d'être étonné,
« en songeant à votre Louison, qui est le nom que j'ai eu
« longtemps, de lire une lettre comme celle-ci, mais malgré
« moi vous me faites devenir sérieuse. Je le suis tant, par
« ce que je vous mande aujourd'hui, qu'il me semble qu'il
« ne m'est plus permis de vous appeler mon cher papa.
« Soyez-le pourtant, et moi votre Louison, et aimons-nous
« comme deux bons amis [7] ».

Ce langage, quoique séduisant, surtout étant tenu par
une personne aimée, ne parvint pas à faire changer de parti
le père de Marie-Louise. Ce n'est pas que Victor-Amédée
eût à se louer de la conduite des alliés à son égard ; il avait
dû se convaincre au contraire du peu de bonne foi de la
part de l'empereur, et il ne lui restait d'espoir d'obtenir en
définitive quelque avantage réel que par l'appui de l'Angleterre et de la Hollande. Mais ces conditions étaient encore
préférables à celles que la France venait de lui proposer.
Certes il ne pouvait pas douter de la sincérité de sa fille
dans les offres qu'elle lui faisait, mais il avait toute raison
de craindre que Louis XIV, en qui se résumait tout le
pouvoir, n'eût pas réalisé tout ce que la reine lui faisait
espérer. Il s'agissait d'ailleurs d'un avenir douteux, du résultat d'une conquête future. Cette promesse lui était faite

____
[7] Archives générales à Turin.

à l'heure suprême du danger, par un roi qui commandait
encore le respect par la manière dont il supportait ses re-
vers, mais qui ne pouvait plus inspirer de confiance. En se
séparant des alliés, le duc de Savoie courait le danger
d'être écrasé par eux sans que le secours de la France fût
assez prompt pour le sauver.

L'année suivante la reine renouvela ses instances auprès
de son père; voici en quels termes:

« À Madrid, ce 1 septembre 1709.

« Je suis trop touchée, mon cher père, de la manière
« dont vous êtes entré dans les propositions qu'on vous à
« fait pour ne vous le pas marquer par le courrier qu'on
« envoie ce soir à Gênes et vous faire ressouvenir d'une fille
« qui mérite votre tendresse; je vous le demande instam-
« ment, en vous assurant que celle que j'ai pour vous
« est bien vive, malgré tout ce qui s'est passé. Je ne
« saurais croire effectivement que vous puissiez souhaiter
« que l'archiduc devienne roi d'Espagne et que celui qui
« l'est et qui doit l'être par la justice, et qui est devenu
« votre beau-fils, en soit chassé; il faudrait être dénaturé
« pour cela; et même pour vos intérêts je ne sais pas ce
« que vous gagneriez si la maison d'Autriche s'agrandissait
« si fort. Revenez, mon cher père, véritablement pour des
« enfants qui ne souhaitent que votre avantage, car je puis
« vous assurer de la bonne volonté du roi pour vous et que
« vous aurez lieu d'être content par rapport à tout ce qui
« dépendra de lui; plût à Dieu que nous pussions en faire
« davantage. Vous saurez tout ce qui se passe et dernière-
« ment ce qui est arrivé à notre armée de la part du ma-
« réchal de Bésons, qui commande les troupes françaises.
« Le roi en eut la nouvelle hier au soir, et part demain
« en poste pour y aller, et moi je reste à Madrid dans
« l'inquiétude que vous pouvez vous imaginer pour la per-
« sonne de ce cher prince, et chargée du gouvernement

« dans les temps où nous sommes; jugez de mon état, et
« après cela aurez-vous encore la cruauté d'être notre
« ennemi? Non, mon cher père, devenez au contraire notre
« meilleur ami, donnez-nous vous-même des conseils; nous
« les recevrons comme venant d'une personne bien capable
« d'en donner de bons et d'un père qui commencera à nous
« aimer. Songez, je vous supplie, qu'après tous les maux
« que vous nous avez faits vous êtes en état présentement
« de nous faire beaucoup de bien. Enfin, mon cher père,
« soyez bien persuadé que nous souhaitons vos avantages
« infiniment et que nous serons ravis de vous être obligés
« de quelque chose. Rendez donc heureuse en ce qui peut
« dépendre de vous une fille que vous avez bien fait souf-
« frir et qui vous aime certainement avec une grande ten-
« dresse [8] ».

La date de cette deuxième lettre nous reporte aux Conférences de la Haye et de Gertruydemberg, alors qu'on
exigeait du roi de France qu'il joignît ses forces à celles
des alliés pour chasser son petit-fils d'Espagne. Le caractère
faible et irrésolu de Philippe V laissait craindre que, se
voyant abandonné de la France, il ne consentît à quitter
son trône pour se réfugier dans les possessions espagnoles en
Amérique. Mais la reine, secondée par madame des Ursins,
opposa à toutes ces défaillances une attitude décidée, une
abnégation réfléchie [9], et un courage tranquille. Elle déclara
que jamais elle n'obéirait à aucun ordre de quitter l'Espagne;
que, tant qu'elle aurait des Espagnols fidèles, elle défendrait
pied à pied ce que son mari possédait, et que, chassée de
toutes les villes, si le malheur le voulait ainsi, elle irait
mourir, son fils entre ses bras, dans les montagnes des Asturies, avec la satisfaction d'avoir accompli un devoir et la gloire

---

8 Archives générales à Turin.

9 La reine, gracieuse et bienfaisante, n'avait jamais voulu recevoir aucun présent,
même du roi; n'avait jamais acheté un bijou; et l'un et l'autre ne dépensaient pas
cinq cents pistoles au delà du pur nécessaire. *Mémoires* de NOAILLES, an. 1709.

de n'avoir manqué ni de cœur ni de fermeté pour conserver sa couronne.

Ce qui rendait toujours de plus en plus difficile la position du roi d'Espagne c'était le manque d'argent; le trésor était épuisé, le crédit ne pouvait se relever. En vain le roi chercha-t-il du secours chez les capitalistes de Madrid; on répondit à ses demandes que l'argent qu'ils avaient déjà prêté au trésor royal à trois différentes reprises ne leur avait point été remboursé, malgré les promesses les plus formelles qui leur avaient été faites; qu'ils n'avaient plus le moyen de satisfaire aux nouvelles demandes, pas même en remettant des titres à une assez longue échéance.

Ce n'est qu'après les plus grands efforts auprès des négociants de sa nation que l'ambassadeur de France parvint à réunir la faible somme de 50,000 pistoles.

Les sollicitations se changèrent ensuite en poursuites contre les banquiers qui se refusaient à prêter au gouvernement; on les mettait aux arrêts, on les faisait garder à vue pour arriver enfin à tirer d'eux quelque chose [10].

Le roi, en partant pour l'armée au mois de septembre 1709, avait laissé de nouveau le soin du gouvernement à la reine [11], à peine relevée de couches fort pénibles de son second enfant. La santé de Marie-Louise commença dès lors à être ébranlée, sans que pour cela cette princesse diminuât en rien son activité et son assiduité aux soins du gouvernement [12].

Enfin l'année des grandes épreuves arriva. La victoire remportée à Saragosse par le prétendant autrichien lui ouvrit les portes de Madrid. Philippe, forcé de quitter sa capitale, fit sortir de la ville toutes les munitions et les

---

[10] *Dépêche* de l'envoyé génois à Madrid, Charles BERNABÒ, 3 mars 1710.

[11] *Lettre* de la reine à sa grand'mère, du 9 septembre 1709, publiée par madame la comtesse della ROCCA.

[12] Voyez la *Lettre* de madame des Ursins à Voysin, 5 juillet 1709, et celle du 9 septembre de la même année, adressée par la même à madame de NOAILLES. *Recueil* de M. GEFFROY.

provisions de l'armée qui s'y trouvaient, ainsi que tous les dépôts des objets de régie, tels que le tabac, l'eau-de-vie, le papier timbré. On emporta les joyaux de la couronne, l'argenterie et le mobilier du palais de Madrid.

Le roi convoqua les grands en sa présence; il leur signifia son départ, en ajoutant qu'il lui aurait été agréable qu'ils le suivissent, si des motifs légitimes ne les retenaient pas. La reine ajouta immédiatement qu'en tout cas ces empêchements devaient être justifiés. Les grands comprirent aussitôt qu'il y aurait eu pour eux du danger à rester. Le comte de Lemos et le marquis del Carpio prièrent le roi d'observer que, les mêmes empêchements qui les avaient retenus à Madrid en 1706 existant encore, ils croyaient devoir être exempts de tout reproche s'il ne pouvaient se rendre aux désirs de sa Majesté. Le roi et la reine se retirèrent sans rien dire davantage, et les grands se hâtèrent de faire leurs préparatifs de départ. Ils se partagèrent ensuite, les uns se tenant auprès du roi, les autres se mettant à la suite de la reine. La cour se dirigea d'abord sur Valladolid, d'où la reine se rendit ensuite à Vitoria.

Après avoir marqué leur bonne volonté en quittant le séjour chéri de Madrid, plusieurs d'entre les grands représentèrent au roi l'impossibilité où ils étaient d'aller plus loin, faute d'argent. On leur permit de s'arrêter où ils voudraient, pourvu que ce ne fût pas sur la partie du territoire occupée par l'ennemi.

L'émigration qui eut lieu dans cette circonstance, déterminée en partie par l'attachement qu'on avait pour Philippe V et Marie-Louise, en partie par le désir de ne pas trop se compromettre vis-à-vis d'une dynastie qui paraissait avoir encore plus de chances de succès que le prétendant autrichien, fut très-nombreuse. Les écrivains du temps la font monter jusqu'à 30,000 personnes. Nous n'indiquerons pas les noms des grands qui suivirent le roi et la reine; il nous suffira de remarquer que le prétendant ne réussit à

rallier auprès de lui que quelques mécontents parmi la noblesse, au milieu desquels figurait le comte de Palma, neveu
du cardinal Porto-Carrero. Celui-ci venait de mourir en
laissant après lui la réputation d'un homme avide du pouvoir
et plus occupé à s'en servir dans son intérêt particulier
que dans celui du prince qu'il avait fait appeler au trône.

Les Espagnols fidèles au roi Philippe soutenaient vaillamment une cause qui était devenue nationale, mais ils
sentaient que, malgré tous leurs efforts, sans recevoir encore
quelque secours de la France, la lutte se serait trop prolongée et le succès en serait devenu de plus en plus incertain. Les grands, qui l'année précédente avaient demandé
au roi par l'organe du duc de Medina-Cœli d'éloigner tous
les Français du gouvernement, s'empressaient maintenant
d'adresser leurs supplications à Louis XIV pour obtenir
l'envoi d'un général et des troupes suffisantes pour tenir tête
à l'ennemi commun.

Au milieu de l'inquiétude générale en face de dangers
toujours croissants, il est beau de voir la reine déployer
de plus en plus sa fermeté naturelle. À l'heure des défaillances de la France protectrice elle fait tenir à l'Espagne
protégée un langage qui relève le courage abattu ; elle s'efforce d'inspirer à Louis XIV une confiance qu'elle ne puise
que dans sa propre énergie. Dans une dépêche mémorable,
du 1er août 1710, la reine, en qualité de régente, engage vivement le roi de France à soutenir une guerre
« que la témérité de nos ennemis (dit-elle) rend tous les
« jours plus nécessaire et plus juste de notre part. Il y a
« longtemps que nous prévoyons quelle devait être la fin
« des Conférences de Gertruydemberg, persuadés que les
« Anglais et les Hollandais ne veulent ni le roi votre petit-
« fils en Espagne, ni la France en état de tirer un jour
« vengeance de la tyrannie qu'ils exercent à son égard.
« Nous avons vu, par cette raison, avec un déplaisir infini
« le parti que vous avez pris de nous abandonner, pour

« ainsi dire, croyant par cette conduite de porter à des sen-
« timens plus modérés un ennemi que la bonne fortune
« aveugle et qui ne reconnaît plus d'autre loi que celle de
« la force qu'il a malheureusement en main. Aujourd'hui,
« que nous devons attribuer à un artifice toutes les insi-
« nuations qu'on vous a faites d'affecter une désunion qui
« nous a causé tant de mal, tâchons, je vous supplie très-
« humblement, de regagner par une route tout opposée ce
« que nous avons perdu, et n'ayant plus qu'un même intérêt,
« efforçons-nous de tirer par des mesures mieux concertées
« que par le passé les avantages que nous pouvons espérer
« de l'union effective des deux couronnes. Nous ne vous
« serons point à charge; mais nous vous demandons, comme
« une chose absolument nécessaire pour persuader aux Espa-
« gnols que nous allons agir avec le même esprit, de nous
« envoyer au plutôt le duc de Vendôme pour commander
« notre armée en Catalogne » [13].

Ou nous nous trompons fort, ou il y a peu de pièces diplomatiques qui méritent plus d'éloges que celle qu'on vient de lire. La grandeur d'ame s'y trouve jointe, d'un bout à l'autre, à l'adresse politique; le reproche mesuré s'y mêle à la confiance généreuse: on sent qu'il est impossible de résister à d'aussi bonnes raisons, si bien exposées.

Vendôme ne tarda pas à arriver et à prouver ce que peuvent le génie et l'autorité d'un grand capitaine. La victoire qu'il remporta à Villaviciosa le 9 décembre 1710 affermit pour jamais la couronne d'Espagne sur la tête de Philippe. Ce prince, après avoir eu l'honneur de prendre part au combat, eut celui de reposer sur le plus beau lit qui fût jamais préparé pour un roi, sur un lit fait des étendards et des drapeaux pris à l'ennemi [14].

Les affaires de Philippe V étant à peu près rétablies en

[13] *Mémoires* de NOAILLES.
[14] VOLTAIRE, *Siècle* de *Louis XIV.*

ce qui avait trait au continent espagnol, la reine pouvait regarder l'avenir avec plus d'assurance. Quoiqu'on fût encore bien loin d'aspirer au bonheur de la paix, on sentait cependant déjà s'affaiblir la pression de la guerre. Marie-Louise, rassurée par les succès obtenus en Espagne, ne pouvait plus être envieuse de ceux remportés par son père.

Elle ne tarda pas à lui en adresser des félicitations, en tenant un langage bien différent de la froide politesse dont on use entre ennemis déclarés; elle chercha de nouveau à l'amener tout doucement à s'entendre avec elle. Elle lui écrivit le 16 décembre 1710, de Vitoria, en ces termes: « De l'air dont vous y allez, je ne crois pas que vous « continuiez à remporter des victoires sur vos ennemis, « puisque vous les avez presque tous détruits; aussi, quand « je voudrai vous écrire, il faudra que je cherche d'autres « prétextes que ceux que j'ai présentement de vous faire « de nouveaux remerciments. Je vous assure que, quand « je fais réflexion à ce qui s'est passé depuis peu, j'en suis « dans un étonnement si grand, si grand, que je ne m'y « accoutume point, et que ces victoires si imprévues ont » toujours pour moi la grâce de la nouveauté. Je me « prépare à partir dans quatre jours pour aller à Logrono « attendre le roi, s'il veut bien prendre la peine de m'y « venir voir un petit tour, quand il ne croira pas sa pré- « sence nécessaire à son armée.

« Nous prendrons là nos résolutions, après avoir bien pesé « tout ce que nous croirons de plus convenable pour le bien « de nos affaires, et tout cela de concert avec vous, si vous « le voulez bien, car le roi et moi estimons fort vos con- « seils par toutes sortes de raisons; il n'y en a point qui « ne m'engage à vous estimer et à vous souhaiter toutes « sortes de satisfactions.

« MARIE-LOUISE »

« Je m'aperçois que c'est toujours moi qui vous attaque « la première par mes lettres; vous vous excuserez peut-

« être, en disant que c'est votre respect qui vous empêche
« de m'écrire; mais je vous dirai que ce n'est que votre
« paresse [15] ».

Les troupes alliées qui occupèrent la Castille y commi-
rent toutes sortes de désordres. Le peuple, voyant des gens
qui ne respectaient ni la religion, ni les personnes, ni les
propriétés, se mit à leur faire une guerre sourde et meur-
trière. Lorsque quelqu'un des habitants pouvait tuer en
cachette un soldat allemand ou anglais, dit le marquis de
Saint-Philippe, il s'en vantait comme de la plus belle action.

La population de Madrid désirait ardemment le retour de
Philippe, et dès le mois de novembre de cette même année
il faisait dans ce sens de bruyantes démonstrations. Des
hommes tenant d'une main le crucifix, de l'autre le pistolet,
d'autres faisant flotter des bannières au bruit du tambour,
parcouraient le rues, suivis de la foule, en criant: *Vive
Philippe V, Vive la foi. A bas l'hérésie.* La municipalité
de Madrid parvint à calmer cette agitation qui aurait dégé-
néré en désordres, ainsi que cela s'était vu en 1706 [16].

Bientôt après le gouvernement de Philippe fut de nouveau
tranquillement installé dans la capitale.

---

[15] Archives générales à Turin.
[16] *Dépêche* de l'envoyé génois Charles Bernabò, 15 novembre 1710.

CHAPITRE XI.

Acheminement à la paix — Dépérissement de la santé de la reine — Renonciation de Philippe V à ses droits à la couronne de France — Changement de l'ordre de succession au trône d'Espagne.

La victoire de Villaviciosa venait d'assurer à Philippe V la possession de son royaume d'Espagne; c'était le triomphe de la nouvelle dynastie, mais non pas la restauration de la grande monarchie espagnole.

Les provinces italiennes et flamandes se dégageaient des liens qui les avaient trop longtemps attachées à une couronne qui n'avait pu ni les protéger ni les défendre. Les Indes étaient retenues dans l'ancienne dépendance par l'inertie des populations et par la direction exclusivement commerciale imprimée à toute l'activité qui se déployait dans l'autre hémisphère.

La confiance que le gouvernement espagnol avait d'abord mise dans l'appui de la France s'était amoindrie par suite des hésitations et des lenteurs apportées par cette puissance dans l'exécution de ses engagements. Qu'il nous soit permis de placer ici une réflexion qui se reproduit fréquemment dans les annales de la diplomatie, mais qu'on néglige trop souvent: au commencement des grandes crises politiques il se présente ordinairement aux puissances qui y sont intéressées l'idée du vrai moyen de les faire cesser; mais cette bonne idée ne tarde pas à être étouffée par les préventions injustes et par un faux point d'honneur: on se débat ensuite longtemps, on s'épuise en efforts de toute espèce pour n'aboutir qu'au résultat qui s'offrait spontanément au début de la lutte.

Ainsi les instructions données par le cabinet de Versailles

au cardinal d'Estrées à son départ pour l'Espagne portaient qu'il fallait persuader le gouvernement espagnol de la nécessité de consentir à quelque démembrement de la monarchie, comme l'unique moyen d'éviter une longue guerre et de plus grands sacrifices. Si toutes les puissances intéressées dans la guerre de la succession se fussent d'abord mises d'accord sur cette base-là, combien de flots de sang et d'énormes dépenses n'aurait-on pas épargné!

La passion raisonnait autrement; il fallait avant tout se venger de Louis XIV; le châtiment était mérité, il faut le dire; mais qu'il en a coûté de malheurs à l'humanité pour le lui infliger!

Deux événements survenus au commencement de l'année 1711 contribuèrent à rendre la conclusion de la paix plus facile. La disgrâce du duc et de la duchesse de Marlborough en Angleterre faisait passer le pouvoir des Whighs, ennemis déclarés de Louis XIV, aux Tories, très-disposés aux transactions pacifiques. En Allemagne l'élection de l'archiduc Charles, frère de Joseph I, comme empereur, faisait redouter à l'Europe, si le nouvel empereur joignait l'Espagne à ses nombreux États, une puissance plus terrible encore que celle de Charles-Quint. La victoire remportée par Villars à Denain amena une paix qu'on était encore loin d'espérer.

Depuis ses dernières couches la santé de la reine, qui n'avait jamais été robuste, s'était altérée considérablement. À l'enflure des glandes du cou, sa maladie habituelle, étaient venues s'ajouter de plus graves infirmités. Au printemps de 1711 elle tomba sérieusement malade, et des symptômes de phthisie ne tardèrent pas à se montrer. Grâce à sa jeunesse et à son énergie morale, elle se remit assez pour reprendre son train de vie ordinaire et prendre part de nouveau aux affaires publiques. Malheureusement celles-ci n'étaient point encore assez arrangées dans l'intérieur du royaume pour la délivrer de toute inquiétude.

La pénurie d'argent se faisait toujours sentir, et on était sans cesse à la recherche de moyens de subvenir aux pressantes nécessités du trésor. On imposa la taxe d'une pistole pour chaque chef de famille; on poursuivit la grande opération du retour aux finances de l'État des droits fiscaux, tels que les *tercias,* les *alcabalas,* et les dîmes, qui avaient été aliénées. Le gouvernement se chargeait des indemnités aux fermiers et autres concessionaires, mais on craignait qu'il ne fût pas dans le cas de faire honneur à ses engagements.

Quelles que fussent les difficultés présentes du gouvernement espagnol, on ne pouvait nier cependant que depuis l'avénement de Philippe V la nation n'eût plutôt gagné que perdu. On lit dans une pétition du Conseil d'État des Provinces unies aux États-généraux, datée du 13 novembre 1711, les remarques suivantes: « Le royaume d'Espagne, depuis que « le duc d'Anjou est monté sur le trône et l'a gouverné à « la manière et selon le génie des Français, a commencé « de se relever de la grande décadence où il était tombé, « depuis la paix de Vervins, sous ses trois derniers rois.... « L'Espagne a plus fourni de troupes qu'elle n'avait fait « auparavant pendant cinquante années [1] ».

C'est par l'action presque inaperçue de ces forces renaissantes que l'Espagne a pu non-seulement maintenir sa propre indépendance, mais contribuer encore puissamment à la conclusion de la paix.

Écoutons à ce sujet ce que nous dit un auteur dont l'opinion fait autorité dans ces matières: « Il y avait une puis- « sance qu'on n'avait comptée pour rien dans toute cette « affaire et qui finit par décider la question, c'était l'Espagne. « Une nation aussi fière était révoltée de voir traiter à la « Haye ou à Gertruydemberg la question de savoir qui rè- « gnerait à Madrid. Elle avait eu jadis des griefs égaux « contre tous les prétendants, parce que tous l'avaient blessée

---

[1] Voyez *Actes et Mémoires touchant la paix d'Utrecht,* Tom. I, pag. 173.

« par des partages anticipés; mais une bonne fortune avait
« jeté dans ses bras le duc d'Anjou, jeune prince de dix-
« sept ans, qu'elle adopta comme son fils et qui se montra
« digne du courage qu'elle déploya pour le soutenir. Il gagna
« des batailles tandis que son aïeul en perdait, et il s'obstina
« dans la lutte pendant que Louis XIV semblait y suc-
« comber [2] ».

L'éloquent écrivain nous permettra, nous n'en doutons pas,
de compléter le tableau en ajoutant que c'est à Marie-Louise
de Savoie que revient en grande partie le mérite attribué
à Philippe; c'est elle qui soutint le courage et fixa les irré-
solutions du roi. Elle eut plus de peine que son mari à se
résigner aux conditions onéreuses imposées à l'Espagne.
Fière et courageuse, elle s'indignait d'abord des sacrifices
qu'il fallait faire à la paix. Elle finit par se soumettre à la
nécessité, et trouva sa consolation dans le témoignage de
sa conscience.

Les stipulations de la paix si impatiemment attendues,
si longuement discutées, arrivèrent enfin à leur terme,
désigné sous le nom de *Traité d'Utrecht*. Le principe
fondamental sur lequel reposait cette série d'actes interna-
tionaux c'était que jamais l'Espagne et les Indes occiden-
tales ne seraient unies à la France; en d'autres termes, la
séparation immédiate de tout lien de cosuccessibilité entre
les deux branches espagnole et française de la maison de
Bourbon. On exigeait de Philippe V la renonciation dans
toutes les formes, pour lui et pour ses descendants, à la
couronne de France. La reine Anne demandait en outre
que cette renonciation fût acceptée par le roi très-chrétien,
et « ratifiée de la manière la plus solennelle par les États
« du royaume de France [3] ». Louis XIV admettait la renonciation, mais il se refusait à la faire ratifier par les États
du royaume. « Les États en France (dit-il) ne se mêlent

[2] *Le Traité d'Utrecht* par M. Charles GIRAUD. Paris, 1847, pag. 66.
[3] *Correspondance* de lord BOLINGBROKE, tom. II, pag. 366-67.

« point de ce qui regarde la succession à la couronne;
« ils n'ont le pouvoir ni de faire ni d'abroger les lois.
« S. M. est persuadée que cette princesse cherche seu-
« lement une sûreté pour la renonciation, et qu'il suffit
« par conséquent d'en indiquer une plus conforme à nos
« usages, et qui ne sera pas sujette aux inconvénients de
« l'assemblée des États, qui, n'ayant point été convoqués
« depuis près de cent ans, sont en quelque manière abolis
« dans le royaume [4] ».

On passa outre sur cette formalité quant à la France,
tandis qu'en Espagne, où les Cortès étaient restées sur pied,
on la remplit avec toute la solennité accoutumée [5].

Au mois de septembre 1712 les députés des villes ayant
voix aux Cortès furent appelés à Madrid pour procéder à
la ratification de l'acte de renonciation aux droits à la couronne de France que le roi devait passer en conformité des
stipulations d'Utrecht.

Le 5 novembre suivant Philippe V fit faire la lecture de
l'acte de sa renonciation, la signa et la jura solennellement.

Les Cortès en la ratifiant demandèrent la même exclusion
pour toute la maison d'Autriche, et le roi, faisant droit à
cette demande, appela, après tous, à la succession la maison
de Savoie pour succéder au trône d'Espagne à défaut de la
sienne. La reine, après avoir rendu compte à sa grand'mère
de ce qui s'était passé à cette occasion, laissa un libre cours
aux sentiments d'attachement qu'elle n'avait cessé d'avoir
pour sa famille. « Jugez (dit-elle), ma chère grand'mère, de
« ma sensibilité en voyant un acte qui est si avantageux
« pour ma famille; vous savez combien elle m'est chère:

---

[4] *Correspondance* citée, pagg. 387 et suiv.

[5] On convoqua les procureurs des villes, les prélats, les grands et la noblesse des
royaumes d'Espagne, et le 5 novembre le roi prononça solennellement cette seconde
renonciation, dont furent témoins les conseillers d'État, les présidents et les doyens
des Conseils, ainsi que les chefs de la maison du roi et les capitaines de ses gardes.
Cet acte fut imprimé et publié à son de trompe; et l'on convint d'une trêve de quatre
mois entre l'Espagne et l'Angleterre. *Mémoires* du marquis de Saint-Philippe, an. 1712.

« ainsi j'espère que vous comprendrez mieux qu'un autre
« tout ce que j'ai senti en pareille occasion [6] ».

Mais la lettre suivante, adressée par la reine à son père,
que nous publions pour la première fois, expose encore plus
en détail tout ce qui s'est fait dans cette circonstance et
explique mieux la portée des actes qui s'y sont accomplis.

« Au Retiro, ce 7 novembre 1712.

« Vous aurez su par ma mère, mon très-cher père, qu'il
« y a longtemps que j'ai envie de vous écrire et que ce
« n'est que la crainte de vous importuner qui m'a retenue;
« que mon cœur a toujours été rempli de toute la tendresse
« imaginable, quoique les temps malheureux m'aient empê-
« ché de vous la témoigner, et que vous devez me rendre
« sur cela toute la justice que je mérite. Pour aujourd'hui
« je ne puis plus me retenir, et vous êtes trop intéressé à
« ce qui se passa avant-hier pour que je ne vous l'apprenne
« pas moi-même, en vous disant en même temps quelle a
« été ma sensibilité en voyant un acte que le roi a fait
« pour donner la paix et le repos à l'Europe qui en a si
« grand besoin, en conséquence duquel les princes de France
« en doivent en faire un autre, et que cela retombe à l'avan-
« tage d'un père et d'une famille que j'aime si tendrement.
« Le samedi matin le roi fit faire la lecture de sa renon-
« ciation à la couronne de France avec toutes les circon-
« stances requises; les princes de la maison de France
« s'excluent de celle d'Espagne par leurs renonciations; et
« les États du royaume demandant la même exclusion et
« la faisant pour tous les princes de la maison d'Autriche,
« la maison de Savoie est appelée pour succéder à cette
« couronne après tous les descendants du roi; il la signa
« et jura de la garder le plus solennellement qu'il se peut.
« L'après dîner ce fut l'assemblée des États; le roi leur
« expliqua en gros pourquoi il les assemblait, et fit lire en-

. [6] *Lettre* du 7 novembre 1712, publiée par madame la comtesse della Rocca.

« suite un papier où toutes les raisons avec ce qu'on de-
« mandait d'eux étaient expliquées au long. En réponse du-
« quel, les députés de Burgos, comme la ville capitale de
« Castille, prirent la parole pour tout le royaume pour
« témoigner leur extrême reconnaissance de ce que le roi
« fait pour ses sujets, leur zèle et tous les sentimens que
« nous pouvons souhaiter. Présentement ils passeront pour
« loi la disposition faite pour la succession de la monarchie.
« Voilà, mon très-cher père, en peu de mots ce qui se passa,
« que j'ai voulu vous apprendre, quoique je croie que milord
« Lexington le fera plus particulièrement et mieux que moi.
« Mais je viens vous supplier d'être bien persuadé que j'ai
« senti en cette occasion, aussi bien que dans toutes celles
« qui vous regardent, tous les sentimens d'une personne qui
« se pique d'être la meilleure fille du monde et qui vous
« demande instamment votre amitié. Ce qui vient de se
« passer nous lie encore davantage, non pas en parenté,
« puisqu'elle ne saurait être plus grande, mais à être nos
« deux maisons d'Espagne et de Savoie unies éternellement;
« tout nous y engage donc présentement; ainsi aimez-moi
« et comptez, mon cher père, sur toute ma tendresse[7] ».

Lord Lexington, qu'on vient de nommer, était l'envoyé
britannique venu tout exprès à Madrid pour s'assurer que
le fait de la renonciation, qui tenait si fort à cœur à l'Angleterre, s'accomplît avec la plus grande régularité sans laisser
le moindre doute pour l'avenir. Victor-Amédée avait aussi
chargé le même envoyé de le représenter dans cette circonstance. Lord Lexington cependant, préoccupé avant tout
des intérêts de son pays, s'empressait de dire qu'après que
l'Angleterre avait été complétement rassurée sur le point
de l'efficacité de la renonciation, elle devait s'attacher à procurer des avantages à l'Espagne afin que celle-ci pût en
tout temps servir de frein à la France. Et il laissait entendre que la cession de la Sicile n'avait pas été une con-

7 Archives générales à Turin.

dition nécessaire à l'établissement des préliminaires avec la France[8].

Nous avons vu que la reine parle à son père de dispositions faites pour la succession à la monarchie. C'est qu'en effet, profitant de l'occasion de la réunion des Cortès et de la satisfaction éprouvée par l'annonce de la paix, le roi obtint sans difficulté que l'ordre de succession à la couronne fût modifié dans un sens analogue à ce qui se trouvait établi en France et en Piémont.

Philippe V avait déjà à cette époque deux fils, et la reine était enceinte: il saisit le moment favorable pour déroger à l'ancien ordre de succession établi en Espagne, qui appelait au trône les aînés sans distinction de sexe. On introduisit ce qu'on appelle comunément la loi salique, c'est-à-dire que les femmes étaient précédées quant au droit de succession à la couronne par tous les princes, tant en ligne directe qu'en ligne collatérale, descendants du roi. Ce changement ne plût guère à ceux qui regardaient l'ancien ordre de succession comme une loi fondamentale de la monarchie espagnole, à laquelle la maison de Bourbon était redevable de son avénement à la couronne d'Espagne. La volonté des jeunes souverains l'emporta, et le nouveau système fut suivi jusqu'à une époque assez récente, où l'on fit revivre l'ancienne loi en affrontant les périls et les désastres d'une longue guerre civile.

Il nous paraît encore convenable de noter ici un trait de la politique espagnole, tendant à faire disparaître les différents priviléges dont les provinces étaient en possession, et qui ne cessaient de créer des embarras au gouvernement.

Dans le traité particulier entre l'Espagne et l'Angleterre, conclu à Londres à la suite des négociations pour la paix, on avait déclaré que les Catalans seraient traités sur le même pied que les Castillans, les plus fidèles sujets de la monarchie.

---

[8] *Dépéche* de l'envoyé génois à Madrid, Jean-Benoît PICHENOTTI, 27 fevrier 1713.

Cette égalité de traitement, conçue en termes calculés et flatteurs, faisait perdre aux Catalans grand nombre de leurs anciens priviléges. Ce fut un tour d'adresse du négociateur marquis de Monteleone, qui fit dire à la princesse des Ursins qu'il était vraiment propre de la finesse italienne.

CHAPITRE XII.

Dernière maladie et mort de la reine.

La reine était malade depuis bien longtemps; avec des caractères différents ses souffrances se suivaient sans relâche et la forçaient à une retraite presque absolue. Aussi, quand au mois de mai 1713 elle fit une apparition dans les rues de Madrid, le peuple, qui l'aimait autant qu'il l'estimait et qui depuis près de deux ans ne l'avait point revue, fit éclater sa joie par de vives acclamations.

Les agitations d'esprit, les secousses morales avaient aussi miné cette frêle existence. La mort de la duchesse de Bourgogne mit le comble à ses afflictions. « Ma douleur (écrivait la reine à sa grand'mère) de la perte d'une sœur que « j'aimais si tendrement est infinie, mais elle ne m'empêche « pas de songer à la vôtre et d'y entrer avec toute l'amitié « que j'ai pour vous; je crois que ni vous ni mon père « n'aurez guère été en état de consoler ma mère d'un coup « aussi terrible. Dieu veuille nous donner à tous les forces « dont nous avons tant besoin: il n'y a que lui de qui « on doive attendre des consolations après deux nouvelles « si terribles, car vous pouvez croire quel surcroît d'affliction « j'ai eu, en pleurant une sœur, d'avoir à tâcher de consoler « le roi de la mort d'un frère qu'il aimait beaucoup et moi « aussi [1] ».

Une nouvelle grossesse rendit indispensables de plus grands ménagements. Marie-Louise ne quittait plus ses appartements, et lorsqu'arriva l'anniversaire de sa naissance (17 septembre)

---

[1] *Lettre* du 6 mars 1712, publiée par madame la comtesse della Rocca.

elle ne dut pas même recevoir les félicitations de la cour et
de la noblesse. Madame des Ursins se présenta dans l'anti-
chambre et dit à la foule de courtisans qui s'y trouvait
réunie que « sa Majesté n'aimait pas qu'on lui rappelât ce
« jour-là sa vieillesse, ayant accompli ses vingt-cinq ans [2] ».
Cette plaisanterie coupait court à toutes les questions sur
l'état de la reine, sans rien cacher des vives appréhensions
dans lesquelles on était.

La reine accoucha d'un Infant précipitamment et non sans
danger. Après ses couches la faiblesse ne fit qu'augmenter,
et des symptômes de plus en plus fâcheux ne tardèrent pas
à se manifester. Accoutumée à souffrir, elle ne s'apercevait
pas des progrès de sa maladie [3]. La sérénité de son esprit
n'en paraissait pas troublée, témoin cette longue lettre
adressée par elle à sa mère, que nous allons mettre sous
les yeux du lecteur.

« À Madrid, ce 18 septembre 1713.

« Je suis cette semaine, ma très-chère mère, grâces à
« Dieu, plus en état de vous écrire que je ne l'étais il y a
« huit jours, ma santé ayant été meilleure depuis; je n'ai
« eu qu'un accès de fièvre qui me fit beaucoup souffrir parce
« qu'il était accompagné de grandes douleurs par tout le corps.
« La crainte du retour me fit résoudre à prendre du quin-
« quina un jour, mais la nuit je m'en sentis si échauffée
« que je n'en voulus pas davantage, et je m'en trouve bien,
« puisque, grâces à Dieu, je n'ai plus rien eu. Je ne sens
« ces jours-ci que l'incommodité de mon gros ventre par
« une chaleur affreuse qui me fait suer continuellement;

[2] *Dépêche* de l'envoyé génois à Madrid, François Marie GRIMALDI, 18 septembre 1713.

[3] La reine ne songeait plus aux soins de sa santé dès qu'il s'agissait de quelque intérêt de l'État. En 1710 elle désirait aller aux eaux de Bagnères-de-Bigorre à cause
de l'engorgement de ses glandes. Mais il suffit de quelques soupçons qui circulaient,
qu'elle cherchât un asile en France pour des raisons politiques, pour la faire renoncer
à ce projet. Elle se soumit à ces exigences « de si bonne grâce (dit le marquis de SAINT-
PHILIPPE), qu'on crut qu'elle suivait en cela ses propres sentimens ». — Le projet
de ce voyage à Bagnères donna lieu à un échange de lettres entre la reine et Louis XIV
remplies de prévenances et d'amabilités. Voyez *Mémoires* de NOAILLES, an. 1710.

« mais je m'estime bien heureuse de n'avoir que cela. Après
« vous avoir rendu compte de mon état, ma très-chère mère,
« je m'en vais répondre à trois de vos lettres le plus exacte-
« ment que je pourrai.

« La première est du 12 août, qui était celle de la se-
« maine passée, par où je vois que vous étiez en peine de
« n'avoir point eu de mes nouvelles; ç'aura été la faute
« des courriers, puisque je n'ai point manqué de semaine
« et vous l'aurez bien sûr depuis. J'y vois aussi, ma chère
« mère, que mon père a enfin publié votre voyage pour la
« Sicile; les sentimens sur cela de ma grand'mère et de
« mes frères sont bien naturels, et je vous assure que je
« plains fort les personnes exposées à des séparations de
« celles qu'on aime, quoique ce cas ici ne soit pas si cruel
« que le nôtre le fut, puisqu'il n'y aura qu'un temps à at-
« tendre pour se revoir, au lieu que la nôtre était sans
« espérance.

« Vous ferez fort bien d'épargner à mes frères autant de
« pleurs qu'il se pourra. Je fais en tout temps des vœux
« pour leurs santés, mais j'en ferai encore davantage pendant
« ce temps-là, car que serait-ce, vous éloignée et les sa-
« chant incommodés?

« Je crois aisément, ma chère mère, que mon frère est
« peu sensible au gouvernement que mon père lui laisse,
« et qu'il l'importunera plus d'une fois. J'en sais des nou-
« velles, puisque je me suis vue en pareil cas, et encore
« plus jeune que lui; j'en étais bien lasse et ne me reposais
« qu'en jouant à collin-maillard en sortant du Conseil.

« Votre seconde lettre, que j'ai reçue jeudi au soir par
« le dernier ordinaire, m'apprend l'arrivée de l'extraordinaire
« que j'étais fort curieuse d'apprendre, mais il ne faisait que
« d'arriver, vous ne pouviez pas m'éclaircir davantage sur
« la résolution que mon père prendrait; ainsi cela me laissait
« encore dans le doute; mais le lendemain matin milord
« Lexington me fit un grand plaisir en m'envoyant une

« troisième lettre du 23 août, dont vous aviez chargé le
« marquis de Saint-Thomas, par où je vois que mon père
« avait déjà envoyé ses ratifications. Je vous avoue que j'en
« ai été très-contente, puisque c'est une marque qu'il l'a été
« et qu'il avance par là la conclusion de ce que je souhaite
« depuis si longtemps. Je suis à cette heure dans l'impa-
« tience d'un courrier d'Utrecht pour savoir l'échange des
« ratifications, et puis, grâces à Dieu, ma chère mère, nous
« n'aurons plus rien à attendre pour nous regarder en paix
« et dans l'union qui doit être entre nos deux maisons.
« Le roi m'a paru fort content de la lettre que mon père
« écrit à Milord et de la manière et des dispositions qu'il
« projette pour le transport de nos troupes. Vous avez fort
« bien fait de ne rien dire des changements faits aux traités
« jusqu'à être au fait de ce que c'était; la disposition ne
« manque jamais par tout pays à tenir de mauvais di-
« scours, et il est très-prudent d'en ôter, autant que l'on
« peut, les occasions. Je crois que mon père aura eu bien
« chaud dans le petit voyage qu'il est allé faire. Je suis
« ravie que la fièvre de mon petit n'ait point eu de suite
« et que Riques [4] se soit trompé.

« Je viens présentement, ma chère mère, aux demandes
« que vous me faites par rapport aux traitements, que je
« m'en vais vous expliquer le mieux qu'il me sera possible.
« Vous désirez savoir premièrement quelle différence il y a
« entre les trois classes différentes des Grands, et ce qui
« les distingue les uns des autres. Je vous dirai que toute
« la distinction consiste à la première fois, qu'ils se couvrent,
« ou à quelque autre occasion, où ils ont des audiences
« seuls, de se couvrir. Ceux de première classe mettent
« leurs chapeaux sur la tête en arrivant auprès du roi et
« de moi, et nous parlent ainsi. Ceux de la seconde font
« leurs discours découverts, et se couvrent après avoir parlé

---

[4] Probablement le nom du médecin qui soignait le cadet des fils de Victor-Amédée,
que la reine, sa sœur, appelait *son petit*.

« et devant que nous leurs répondions ; et ceux de la troi-
« sième ne mettent leurs chapeaux qu'après leurs discours
« et notre réponse. Voilà toute la différence, et qui ne se
« voit, comme je dis, que la première fois ou dans quelque
« autre occasion qu'ils viennent seuls ; car d'ordinaire dans
« toutes les fonctions, qu'ils sont tous ensemble et n'ont de
« rang qu'à se placer selon qu'ils arrivent, on n'y voit nulle
« différence.

« Voilà par rapport aux hommes, et j'en viens à cette
« heure aux femmes.

« Pour elles les classes ne font rien, et il n'y a rien de plus
« pour les unes que pour les autres. Elles s'asseyent devant
« moi sur une *almuada* qu'on appelle, c'est-à-dire un car-
« reau qui est comme le tabouret en France ; dans toutes
« les occasions elles l'ont, et deux fois la semaine que je
« tiens le cercle je suis assise et elles aussi sur leurs car-
« reaux ; et les autres dames qui ne sont point grandes sont
« assises par terre. Mais sur ces dernières elles ont la plu-
« part, selon moi, un beau ridicule que je ne sais si vous
« le trouverez dans celles de Sicile ; il y en a beaucoup
« qui ne veulent point souffrir de voir devant elles une dis-
« tinction qu'elles n'ont pas, quoique souvent ce soit la
« mère, la sœur ou une parente proche qui ait cet honneur,
« et souhaitant elles-mêmes passionnément de l'avoir, elles
« ne veulent pas le souffrir dans les autres. Et à cause de
« cela à peine me font-elles leur cour, parce qu'elles ne
« font qu'entrer dans ma chambre, me baiser la main et
« s'enfuir dès qu'elles voient qu'on va s'asseoir ; ou bien
« elles viennent tout à la fin, au moment que je me tiens
« quelquefois debout. Je vous avoue que cela me paraît
« d'un parfait ridicule, mais je vous raconte tout pour vous
« mettre au fait pour tous les cas où vous pouvez vous
« trouver.

« Voilà, ce me semble, ma chère mère, tout ce que vous
« souhaitez savoir ; s'il y a encore quelque autre chose,

« mandez-le-moi, j'y répondrai de mon mieux, ravie que
« vous me donniez quelque commission.

« J'ai reçu cette semaine une lettre de ma grand'mère,
« qui est touchée au delà de ce que je puis vous dire de
« la manière dont mon père et vous en usez avec elle: elle
« sent vivement tout ce qu'elle doit sentir. Mais, ma chère
« mère, ne trouvez-vous pas que voici une lettre assez rai-
« sonnable pour moi présentement? Il n'y a que vous as-
« surément pour qui je la puisse faire. Il faut vous dire
« encore que j'ai reçu de vous deux lettres de recomman-
« dation, une pour M. de Chauviray que ma tante vous
« avait demandée, et l'autre pour un Irlandais dont vous
« ne savez point le nom. Je crois qu'à ces lettres il n'y a
« d'autre réponse à faire qu'à vous en accuser la ré-
« ception. Mes enfants se portent à merveille; mais adieu,
« ma chère mère, je suis toute en sueur et ne ferai plus
« que vous dire que toutes les expressions ne sauraient
« vous dire assez la vivacité des sentimens de mon cœur
« pour vous [5] ».

L'état de la reine s'aggravait de jour en jour. La fièvre
ne la quittait plus; des évanouissements s'y ajoutèrent.

Les médecins de Madrid essayèrent de tous les remèdes
qui leur étaient connus pour vaincre une maladie dont ils
n'étaient pas encore parvenus à déterminer la nature. On fit
venir de Paris le docteur Adrien Helvétius, qui arriva quand
la reine était presqu'à l'extrémité. Il lui administra l'ipeca-
cuana, spécifique mis en usage par lui, resté jusqu'alors
inconnu aux médecins espagnols, et qui ne produisit aucun
effet favorable.

La reine ne se doutait pas du danger imminent où elle
était; il fallut le lui apprendre. Nous allons assister aux
dernières épreuves réservées par le ciel à cette femme tendre
et courageuse, en suivant les récits touchants que nous en

[5] Archives générales à Turin.

a laissés un ambassadeur qui possédait au même degré le talent d'observer et celui de décrire[6].

Les médecins se crurent en devoir de prier le roi d'instruire la reine du danger où elle était afin de la disposer à recevoir les sacrements. La même demande lui fut faite par son confesseur et par madame des Ursins. Le roi se chargea de remplir ce triste devoir. Il entra dans la chambre de la malade, se mit à un des côtés de son lit, et madame des Ursins de l'autre. Il dit ensuite à la reine qu'il était persuadé qu'elle n'ignorait pas les grandes obligations qu'elle et lui devaient à Dieu, qui les avait fait monter tous les deux sur le trône et maintenus malgré les efforts de tant d'ennemis; qui leur avait donné des enfants qui formaient leur bonheur et celui de leurs peuples; que maintenant il fallait avoir nouvellement recours à lui pour en obtenir une grâce bien plus considérable, qui était celle du rétablissement de sa santé; qu'il avait, dans cette intention, fixé de se confesser la nuit prochaine, et qu'il serait bien aise qu'elle en fît autant de son côté.

La reine comprit d'abord, en entendant ce langage, qu'elle était dans un état bien différent de celui qu'elle avait supposé jusqu'alors. Elle se tourna en versant des larmes vers la princesse des Ursins, et lui dit: « Vous voyez, madame, « que je donne des marques d'une grande faiblesse dans le « temps que vous en deviez attendre de ma constance, de « ma fermeté et de ma résignation à la volonté du Seigneur. « Mais si vous considérez ce que je quitte, qui est le roi « et mes enfants, vous avouerez que je suis digne de com-« passion ». Le roi se fondait en pleurs tout autant que la reine et les dames qui étaient dans sa chambre, surtout quand la reine répétait en soupirant qu'elle n'avait jamais cru être si près de la mort, et que, si elle se fût aperçue du danger où elle se trouvait, elle n'aurait pas différé si

---

6 Le marquis Morozzo, ambassadeur de Victor-Amédée roi de Sicile: *Dépêches du 22 janvier, 5 et 12 février 1714 (Archives générales à Turin).*

longtemps à recevoir le saint-sacrement. Elle se décida à communier après minuit avec le roi; demanda son confesseur pour six heures du soir, et rappelant aussitôt sa fermeté et ses forces, essuya ses pleurs; son esprit agité se calma.

Quelques jours après le docteur Burlet, son médecin ordinaire, dit à la reine qu'il aurait été bon de faire tenir son confesseur dans sa chambre. « Je le veux bien (repartit-elle), « qu'on me fasse venir le père Blanco dominicain ». C'était un religieux d'un mérite distingué, d'une grande vertu, de beaucoup de savoir; doué d'une faculté d'expression douce et persuasive, il était le prédicateur ordinaire de leurs Majestés. Le père Blanco se rendit à l'heure marquée; la reine se confessa sur les deux heures après midi; elle avoua après que ce père l'avait plus consolée que son confesseur ordinaire, qui était un jésuite. Elle demanda le viatique, qui lui fut porté de la chapelle royale sur les quatre heures par le patriarche qui était l'évêque de cour. Elle le reçut avec de grands sentiments de piété, et fit une longue profession de foi selon le formulaire de l'église romaine et espagnole. Après avoir rempli ce devoir religieux, la reine fit appeler le notaire royal et, en présence du roi et de sept témoins, elle déclara qu'elle instituait ses trois enfants ses héritiers universels, conférant au roi le *poder* de faire rédiger son testament comme il aurait mieux aimé. C'était là la preuve de la plus grande confiance que les lois lui permettaient d'accorder à son époux, et une façon de tester par procuration qui n'était en usage qu'en Espagne.

Le roi ne voulut pas quitter la chambre de la reine, quelles que fussent les instances des médecins, de madame des Ursins et de son confesseur, qui lui représentaient le danger qu'il pouvait y avoir pour lui à respirer cet air infect et corrompu.

La reine fit venir près d'elle le roi qui, en approchant du lit, ne put cacher sa douleur ni retenir ses larmes. En le voyant dans cet état, elle lui dit d'un ton ferme: « Je

« touche au moment de ma mort sans la craindre, et vous
« marquez tant de faiblesse.... Abandonnez-vous à la vo-
« lonté du Seigneur tout comme je viens de le faire, et
« vous reprendrez la tranquillité de cœur et d'esprit [7] ».

Elle demanda à voir ses enfants, et il fallut lui accorder
cette consolation qui fut grande, puisque la reine en les
voyant reprit un air plus serein. Elle s'abstint de les embrasser et de leur donner sa bénédiction pour se conformer
aux ordres des médecins, et après les avoir tenus une demi-
heure dans sa chambre on les fit repasser dans leurs appartements.

Enfin le 14 février 1714, premier jour de carême, Marie-
Louise mourut sur les huit heures et demie du matin [8].

Qui n'aurait cru qu'après tant de tendres empressements,
tant de soins assidus dont on avait entouré la reine pendant
sa trop courte vie, sa perte aurait été sentie avec la même
vivacité de sentiments, le même élan de sympathies ! Il n'en
fut rien cependant. Le roi n'eut pas la moindre peine à re-
trouver son calme habituel et à reprendre son train de vie
ordinaire [9]; madame des Ursins était trop occupée d'assurer
la continuation de son crédit après ce triste événement
pour avoir besoin de s'épancher en regrets inutiles. Ni l'un
ni l'autre n'étaient capables d'un profond attachement; l'un
était esclave de l'habitude, l'autre de l'ambition.

Une partie de la noblesse, qui avait vu de mauvais œil

---

[7] *Dépêche* du 12 février, déjà citée (textuel).

[8] Dans une *Lettre* souvent citée de madame la duchesse d'Orléans, du 6 décembre 1720, il est parlé de l'empoisonnement de la reine d'Espagne. Quelques auteurs rapportent le fait à Marie-Louise de Savoie, première femme de Philippe V, tandis qu'il faudrait le rapporter à Marie-Louise de France, femme de Charles II. Voyez à ce propos VOLTAIRE, *Siècle de Louis XIV,* chap. 26, qui discute le fait et en conteste la vérité.

[9] « L'affliction des Espagnols est si fort intérieure qu'elle ne monte pas jusqu'au visage, « et encore moins aux yeux. Le roi, qui avait fait plusieurs mauvais repas, soupa à fond « mercredi au soir (le même jour de la mort de la reine), ce qui contribua à le faire « dormir neuf heures consécutives fort tranquillement; pour dissiper ses funestes idées, « il passa de sa chambre dans celle de ses enfants. Madame des Ursins par le devoir « de sa charge est obligée de s'y trouver, et c'est là où les affaires d'État se vident ». *Dépêche* de l'ambassadeur MOROZZO, 19 février 1714 (*Archives générales à Turin*).

la reine exercer sur le roi une influence contraire à ses
prétentions, aspirait à reprendre quelque autorité, surtout
si le roi venait à épouser, ainsi qu'elle le souhaitait ardemment, l'archiduchesse fille de Léopold.

Les grands pleuraient par bienséance à la cour et formaient
chez eux des complots pour chasser d'Espagne tous les fonctionnaires étrangers et revenir au système de Charles II.
Mais on était loin d'avoir les moyens de réaliser ces projets.

Le peuple, qui, livré à son propre naturel, est bon et sensé,
s'était depuis longtemps attaché à la reine. Il l'avait vue
calme au milieu des dangers, affable dans ses manières,
simple dans ses habitudes, et devenue de cœur et d'ame
espagnole. Il lui savait gré de tout cela [10]. Après lui avoir
marqué le plus vif intérêt pendant sa maladie, il laissa
éclater toute sa douleur au moment de sa mort. Il fit plus :
il garda d'elle un long souvenir, et bien des années après
l'avoir perdue, voyant passer dans les rues de Madrid la
reine Elisabeth Farnèse, qui l'avait si mal remplacée, il
criait à gorge déployée *Viva la Saboyana* ; hommage sincère,
provoqué par un contraste frappant.

Nous venons de signaler les dispositions de la cour de
Madrid au moment où, par la mort de la reine, on se croyait
à la veille d'un changement dans la direction des affaires.
Voyons maintenant quel était en réalité l'état de ce gouvernement. Nous suivrons pour le bien connaître les appréciations du diplomate piémontais [11], qui assurait son souverain
« que tous ces mécontents ne sont pas capables de mettre
« à exécution leurs desseins. Cette cour et cette capitale
« (poursuivait-il) sont dépourvues d'hommes de talent, et la
« noblesse est remplie de ces idées qui étaient convenables
« sous le règne de Philippe II et vide de celles qu'il fau-

---

[10] « Cette reine (dit SAINT-SIMON, si peu enclin aux louanges) n'avait cessé de s'atta-
« cher les Espagnols par le solide et par le charme de ses manières, qui l'avaient,
« pour ainsi dire, fait adorer ».

[11] *Dépêche* de l'ambassadeur MOROZZO, 22 janvier 1714.

« drait avoir dans l'état présent de cette monarchie. Je ne
« saurais avoir une meilleure idée des ministres qui la gou-
« vernent, et pour s'en persuader il suffit d'observer qu'ils
« ne savent employer la clémence ni les châtimens envers
« les Catalans.

« Les affaires des Indes sont dans un état pitoyable, faute
« d'un bâtiment qui transportât dans ce pays le vice-roi. On
« ne sait pas se servir des moyens qui seraient nécessai-
« res pour établir une bonne union entre cette monarchie et
« l'Angleterre, qui seule peut la soutenir dans les événements
« qui peuvent survenir, selon l'ancien proverbe *guerra con*
« *toda la tierra y paz con Inglaterra*. On ne se presse
« pas de conclure la paix avec le Portugal. On voudrait
« que le roi cessât d'être dans la dépendance de la France;
« qu'il n'en reçût pas les lois pour gouverner ce royaume;
« on s'explique hautement à ce sujet, sans savoir par quels
« moyens on pourra parvenir à cette émancipation. On aug-
« mente les impôts; les troupes ne sont pas payées, et avec
« tout cela le trésor royal est de plus en plus épuisé. Et il
« est vrai cependant que, s'il y avait une bonne adminis-
« tration, on pourrait dans peu d'années faire refleurir le
« commerce et réduire ce pays en meilleur état de ce qu'il
« était par le passé, n'y ayant pas de grande difficulté à
« surmonter, si ce n'est le manque de population ».

Il faut bien reconnaître que les efforts extraordinaires
que l'Espagne avait fait pour sauver sa dignité et son indépendance l'avaient empêchée de se servir des moyens d'améliorer sa condition interne. Au bout de cette grande lutte
le continent espagnol se trouva dépeuplé au point que la
terre manquait de laboureurs et la mer de mariniers et de
matelots. Madrid, le siége du gouvernement et le centre des
affaires, voyait sa population, depuis la mort de Charles II,
réduite de près de cent mille âmes [12].

Mais une bonne administration aurait suffi pour réparer

[12] *Dépéche* de l'ambassadeur Monozzo, 23 juillet 1714.

ces maux, si la nation avait pu se confier dans la sagesse du souverain.

Pour nous, qui n'admettons pas que notre destinée sur la terre soit livrée uniquement aux caprices du hasard; qui croyons que l'homme est responsable envers Dieu de l'usage des facultés qu'il en a reçues; qui rattachons à ce grand principe le sentiment du devoir et le prix du sacrifice, les deux plus nobles attributs de l'âme humaine; pour nous, la vie de Marie-Louise de Savoie représente une haute mission, franchement acceptée et dignement remplie.

Nous aimons à trouver en elle la femme aimable et vertueuse autant que la princesse courageuse et éclairée. Nous l'avons suivie avec un vif intérêt à travers les épreuves difficiles qu'elle a eu à soutenir. Elle descend dans la tombe au moment même où il lui aurait été permis de jouir du double bonheur de voir la couronne raffermie sur la tête de son époux et la puissance de sa maison paternelle augmentée.

À ses derniers moments elle ne montre pas le moindre regret de quitter les grandeurs de ce monde; sa pensée se concentre dans les affections de sa famille pour s'élever ensuite au plus haut degré de soumission à la volonté de Dieu. C'est ainsi que se termina la vie de Marie-Louise.

Rappelons encore une fois qu'elle a été, pour nous servir des mots d'un homme qui avait fait aussi une étude particulière de cette époque, « toujours aussi admirable par son « courage que par son génie [13] ».

Ajoutons enfin qu'elle se dévoua entièrement au pays qui l'avait adoptée, sans jamais oublier celui qui l'avait vue naître, et que sa mémoire mérite d'être honorée autant par l'un que par l'autre.

[13] L'abbé MILLOT dans son *Discours préliminaire* aux *Mémoires* du duc de NOAILLES.

FIN.